돈이 되는 빅데이터 읽기

돈이 되는 빅데이터 읽기

이안 셰퍼드 지음 | **최희빈** 옮김

시그마북스
Sigma Books

돈이 되는 빅데이터 읽기

발행일 2021년 4월 5일 초판 1쇄 발행
지은이 이안 셰퍼드
옮긴이 최희빈
발행인 강학경
발행처 시그마북스
마케팅 정제용
에디터 최연정, 장민정, 최윤정
디자인 김문배, 강경희

등록번호 제10-965호
주소 서울특별시 영등포구 양평로 22길 21 선유도코오롱디지털타워 A402호
전자우편 sigmabooks@spress.co.kr
홈페이지 http://www.sigmabooks.co.kr
전화 (02) 2062-5288~9
팩시밀리 (02) 323-4197
ISBN 979-11-91307-15-3 (03320)

The Average is Always Wrong

데이터는
21세기 원유다

서문

잠깐, 평균은 왜 항상 틀릴까?

마케팅 발표에서 '고객이 평균 한 달에 2.3번 방문한다'는 얘기를 들어봤을 것이다. 정확해서 왠지 위안이 되는 숫자다. 한 달에 방문 횟수를 2.4번으로 어떻게 늘릴 수 있는지 그다음 논의로 넘어가는 것은 쉽다. 기초 데이터를 아주 많이 고민하지 않고 말이다.

그럼 어쨌든 평균은 무엇인가? 평균은 어떤 의미인가? '평균 고객'을 실제로 어떻게 해석해야 할까? 이 간단한 총괄 숫자에 어떤 의미가 숨겨져 있을까?

2가지 시나리오를 생각해보자.

- 첫 번째 시나리오는 고객이 실제로 한 달에 두 번에서 세 번 사이로 방문하는 것이다. 당신의 기업은 모든 고객이 일상적으로

방문하는 사업을 한다. 사람들이 당신의 상품을 어떻게 사용하는지 조사하고 고객 피드백으로 나누어 살펴보면, 2.3이라는 수치보다 더 높은 수치를 목표 삼아 뒤쫓을 수 있다.

- 두 번째 시나리오에서는 고객의 10%가 한 달에 20번 방문하고 나머지 90%는 석 달에 1번만 방문한다고 드러났다. 정확히 2.3번, 전체 평균 방문 빈도는 같지만 매우 다른 이야기가 드러났다. 이런 현실에서 일부 고객이 자주 방문하는 이유를 좀 더 자세히 알고 싶을 것이다. 10%의 고객은 90%의 다수 고객과 다른가? 아니면 실제로 아주 드물게 방문하는 고객이 경쟁 업체의 열성적인 구매자와 동일한가?

단순한 총괄 수치 안으로 좀 더 깊게 들어가면 경영진에게 엄청나게 가치 있는 일이 될 것이다. 흥미로운 데이터 한 세트의 평균이 아니라, 그 요약된 평균에 대한 분산과 오차를 알게 되는 것이다. 누군가 고객이 매년 평균 100파운드를 사용하고, 매년 3번 쇼핑하고, 2.5년 동안 이용했다고 보고할 때, 당신은 이 이야기의 아주 적은 부분만을 알 수 있다.

실제로는 고객 중 그 누구도 거의 이렇게 행동하지 않는다. 고객 간에 차이가 있다는 사실은 흥미롭다. 현대 데이터 과학이라는 훌륭한 기술로 복잡한 알고리즘을 사용하여 풍부한 데이터를 이해하고, 간단하게 요약된 통계에 바로 만족하지 않고 데이터가 무엇을 말하려 하는지 알 수 있다.

데이터 논의

보고서에서 사용된 모든 평균 뒤에는 기초 데이터가 있다. 데이터는 전 세계적으로 소비자 기업의 운명을 얘기할 때, 일관성 있게 그 논의를 지배하는 주제다. 기업은 데이터를 얼마나 가지고 있는가? 충성도 프로그램은 얼마나 괜찮고, 그 프로그램으로 얻은 이익은 무엇인가? 기업이 최첨단 머신러닝과 인공지능을 도입하여 수익을 증대하려 하는가? 수익을 증대하기 위해 '빅데이터'를 어떻게 사용해야 할까?

모든 기업이 데이터에 집중하는 데는 그만한 이유가 있다. 오로지 온라인 사업만 하는 기업은 최신 기술과 많은 비용이 드는 점포나 쓸모없는 투자에서 자유롭다. 이러한 기업의 도약으로 기존 소비자 기업은 전 세계적으로 엄청난 도전에 직면한다. 신생 온라인 기업이 가진 다른 이점들이 충분하지 못한 것 같지만, 온라인 기업은 데이터가 넘쳐난다. 왜냐하면 온라인 기업에 이메일 주소와 실제 주소를 제공하지 않고는, 온라인으로 산다는 행위가 불가능하기 때문이다. 온라인 기업은 자연스럽게 고객 데이터베이스를 획득한다. 그리고 온라인 기업은 당연하게도, 이런 데이터의 이점을 무자비하게 활용해 예측 모형을 구축하고 통찰을 얻는다. 그래서 일반적인 경쟁 업체보다 개별 고객이 조금 더 소비를 하도록 촉진시킬 수 있다.

소비자 기업의 경영진인 우리는 고객 데이터와 다른 데이터를 이용하여 가치를 창출하는 방법을 묻는 주주와 애널리스트를 마주하게 된다. 경영진이 자신의 역할에 시들해지고 냉소적인 반응을 보이는 것도 무리가 아니다. 그럼에도 불구하고 투자할 수 있는 새로운 대상은 항상 탄생한다. 언론에서 자주 보도하는 믿기 어려운 기술인 '인공지능'을 생각해보면, 그렇지 않은가?

데이터 분석이 '분석'의 '어두운 면'을 더욱 명확하게 하고 더 자주 논의되면서, 기업의 일원을 해고하는 게 쉬워졌다. 거대한 데이터 세트가 지방 선거와 국가 선거에 영향을 미칠 때(심지어 조작됐다고 주장할 때), 글로벌 인터넷 대기업이 우리 정보를 훨씬 더 엄청나게 많이 수집할 때, 이런 것을 보면 확실히 데이터는 다루기 힘든 주제처럼 느껴진다.

그러나 실제 진행 중인 데이터 분석 사례를 생각해보자.

• 고객 이메일 속 단어를 컴퓨터로 분석하여 "상품이 아직 안 왔

어요" 같은 긴급한 이메일과 덜 급한 이메일로 선제적으로 분류할 때, 기업 내 고객서비스 팀은 시간을 최적화하여 사용할 수 있다.

- 고객 소비 패턴 모형을 신중하게 구축하여 사용하는 소매업체는, 가치 있는 고객이 언제 브랜드와 사랑에 빠지는지 혹은 언제 경쟁자에게 넘어갈지 예측한다. 기업은 그런 고객에게 맞춰 적절하게 소통할 수 있다.
- 소매업체가 예측 판매 모형을 구축해, 각각의 개별 점포에 신상품 적정 재고량을 정확하게 보유할 수 있었다.
- 영화관 업체는 개별 상영 영화에 대한 고객의 수요에 기초하여 실시간 변동가격 정책을 실행했다. 결과적으로 상영 영화별로 수익을 향상시킬 수 있었다.

데이터가 이끄는 기업 구축하기

이 모든 사례와 이 책을 통해 살펴볼 더 많은 사례는 데이터를 전제한다. 이런 사례는 현실적이고 실용적인 수익을 내는 결과를 나타내며, 데이터 중심·소비자 중심 기업이 되려는 과정에서 발생한다. 박사 학위와 슈퍼컴퓨터를 보유한 실리콘밸리 경영 전문가의 전유물이 아니다. 우리 기업에서 발생한 데이터를 똑똑하게 사용하면, 수익성이나 현금 흐름에 큰 차이를 만들 수 있다. 세상에는 여러 유형의 기업이 있으며 온라인 기업과 오프라인 기업은 데이터 중심의 신생 기업에게 점점 더 많은 도전을 받는다. 어떤 기업도 그 상황을 거부할 수는 없다.

그렇다면 소비자 기업이 데이터가 이끄는 기업이 되려면 어떻게 해야 할까? 많은 경영진이 직면한 엄청난 질문이자, 인상적이고도 불편한 질문일지도 모른다. 예를 들어 소매기업 경영진은 대부분 공급자로, 매입과 판매에 확실하게 집중해서 성장했다. 상대적으로 실제 고객 데이터를 의사결정에 고려한 경우는 거의 없었다. 이런 기업의 경영진은 자신의 상품 지식, 협상 능력, 운영 및 조직화 역량을 토대로 최상위 직위에 올랐다. 이전에는 대량의 고객 데이터에서 가치를 발굴하고 창출하는 방법을 고민할 필요가 전혀 없었기 때문이다.

수많은 경영진이 '데이터 논의'를 정말 이상하고 낯선 주제로 느낀다. 결과적으로 일부 기업은 데이터 분야에 대한 투자를 회피한다. 반면, 무언가 해야겠다고 느낀 기업은 전문가나 컨설턴트를 고용한다. 하지만 실질적으로 본인들은 뒤로 물러난 채 '전문가가 데이터 업무를 하게' 둔다. 이러는 동안 진짜 기업은 항상 그랬듯이 계속 나아간다.

계속해서 좀 더 나은 이유에 돈을 지출하기를 소비자가 원하는 시대다. 기업에 끊임없이 닥쳐오는 새로운 경쟁에서 구태의연한 전략은 더 이상 통하지 않는다.

이 책을 활용하는 방법

지금은 경영진이 데이터 분석을 포용하고, 경영진 자신과 기업이 이 개념이 지닌 의미를 받아들여야 할 때다.

그게 이 책의 목적이다. 일반 독자가 데이터 박사처럼 대단한 전문가가 되어 아침을 먹기 전에 인공신경망을 구축하고, 통계적 유의성 검사를 신나게 실행한다? 이것은 내가 의도한 바가 아니다. 가능하지도 않고, 그럴 필요도 없다.

내 목적은 경영진에게 데이터로 가능한 일이 무엇인지 통찰을 주고, 분석 기술이 어떻게 수익을 창출하는지 훌륭한 사례를 들어 소개하는 것이다. 가장 중요한 목적은 경영진이 실행할 수 있는 간단한 절차를 만들어 좀 더 소비자 중심의, 데이터 중심의 기업을 만들도록 하는 것이다.

'데이터 중심 기업'이 되는 과정을 겪으면서 대량의 데이터 세트로 놀랍고도 엄청 복잡한 일을 하는 데이터 과학자를 고용하거나 혹은 함께 일하게 될 것이다. 이 책을 읽는다고 해서 데이터 과학자가 보유한 능력을 얻을 수는 없다. 하지만 데이터의 힘을 펼칠 수 있는 질문을 하고 투자를 하게 될 것이다. 또한 데이터 중심 기업이 될 때 가장 어려운 단계를 실행하도록 준비할 수 있다. 즉 당신은 이 과제를 함께 수행할 경영진 그룹을 구축하기 위해, 조직 전반에 제대로 된 문화적 변화를 꾀해야 한다.

우리는 기업의 심장부에 데이터를 구축하기 위해 3단계로 나누어 도전하고자 한다.

<파트 1>은 데이터 분석에 대한 내용이다. 우리가 풍부한 고객 데이터와 기업 데이터를 보유할 때 무엇을 할 수 있을까? 데이터를 분석하여 수익으로 전환시킬 수 있는 가장 좋은 방법은 무엇일까? 일부 전문 용어와 '현재 아주 중요한' 분석 기술이 실제로 의미하는 바는 무엇일까? 경영자가 데이터에 아주 능하지 않아도(많은 사람이 학창 시절 이후 통계를 생각해본 적도 없다) 실질적으로 데이터 중심 기업을 이끄는 역량을 갖출 수 있을까?

<파트 2>에서는 데이터 수집으로 넘어가보자. 소매업체와 숙박업체는 고객 데이터를 온라인 경쟁 업체만큼 쉽게 얻지 못한다. 그러나 <파트 1>에서 살펴본 분석의 힘을 펼치려면 데이터 수집이 필수적이다. 기업의 고객, 점포, 재고에 대해 가능한 한 많이 안다고, 데이터가 안정적이고 접근 가능하며 유용하다고 확신하려면, 우리는

무엇을 해야 할까?

　유용한 데이터가 기업을 운영하는 능력으로 전환될 수 있다면, 데이터 출처가 명백하거나 출처가 그렇게 명백하지 않은 유용한 데이터가 기업을 운영하는 능력으로 전환될 수 있는지 검토해보고자 한다. 심지어 신생 온라인 기업을 뛰어넘을 수 있는, 당신에게 실제 이점이 될 데이터 출처도 살펴보자.

　마지막으로 <파트 3>에서는 데이터 중심 기업 구축 방법을 생각해보며, 시작해보자. 데이터 중심 기업 구축은 사람들이 슬기로운 통찰을 얻는 한 가지 방법이다. 하지만 어떻게 이 통찰을 실제 수익으로 전환시킬 수 있을까? 전사적으로 모든 팀이 기업이 해오던 방식을 바꾸고 기업 문화를 크게 변화시켜야 한다. 우리는 기업이 하는 모든 업무의 중심에 데이터를 심는 실용적인 접근 방식을 적용할 것이다. 또한 데이터에서 가치를 창출하려면 점데이터가 실제로 드러내는 사실과 실제 고객, 상품, 공급자를 다시 연결해야 한다. 분석과 통찰이 수익으로 전환되려면 이론적인 숫자의 세계에서 크게 한걸음 나아가, 점포와 온라인에서 고객이 경험한 실질적인 세계로 뛰어들어야 한다.

　내 의도는 현실의 경영자가 자신과 관련 있는, 자신에게 유용한 방식으로 이 3가지 단계를 거치는 것이다. 기술도 언급하겠지만, 최고기술책임자^{CTO}만이 따라 할 수 있는 어려운 방식은 아니다. 심지어 데이터 분석에서는 수학도 언급하겠지만, 누구도 뒤처지지 않게 구성했다. 데이터라는 주제에 대한 두려움과 불안을 밖으로 내보이며, 이를 기업 전략에 통합하여 자연스러운 부분으로 만들고자 했다.

이러한 여정에서 중요한 개념이나 전문 용어는 별도의 색깔로 표시했다. 학창 시절 수학 시간의 기억으로 토할 지경이라면, 처음 읽을 때는 이 부분을 넘길 수도 있다. 사실 개념 없이도 이 책에서 전하고자 하는 이야기는 말이 된다. 하지만 나중에 읽을 때는, 바닷물에 발가락 하나라도 담가볼 수 있도록 당신을 격려하고자 했다. 특히 '수식 투성이'인 부분이 아니라, 여기 포함된 개념으로 당신의 기업을 진정 다르게 생각할 수 있을 것이다.

이 책이 왜 필요한가?

데이터로 향하는 여정 중에 사례연구를 살펴보며 쉬어갈 예정이다. 사례연구 중 일부는 어떤 기업인지 알 수 있지만, 기밀 사항인 경우에는 익명으로 처리한 기업도 있다. 그래도 모든 사례연구에 데이터가 돈으로 바뀌는, 실질적이고 실용적인 방법이 드러난다.

또한 당신이 이끄는 팀원들과 함께 이 주제를 살펴볼 수 있는 용기도 이 책에서 얻게 될 것이다. 당신의 기업보다 더 좋은 연구 사례는 없다. 당신이 보유한 데이터를 점검하고, 데이터로 당신이 할 수 있는 유형을 찾으면서, 이 책의 주제를 실제 현실로 바꿀 때 남들보다 유리하게 출발할 수 있다.

데이터 과학처럼 중요한 분야, 특히 머신러닝 같은 데이터 과학의 심오하고 복잡한 측면이 대두되면, 기업 경영진은 해야 할 일 목록에 알 수 없고 새로운 무언가를 써넣는 신비로운 능력이 생긴다. 그러면 관련 컨설턴트나 외부 업체가 사리사욕을 채우기 위해 몰려들 것이다. 컨설턴트나 외부 업체는 당신이 데이터 과학을 이해할 수 없으니, 대신 엄청난 돈이 드는 계약서에 서명하라고 유혹한다. 이들이야말로 데이터 과학이 중요하다는 신화를 팔아 이득을 봐서 행복한 사람들이다.

수완이 좋은 사람들에게 속지 말자. 이 책을 읽다 보면 머신러닝 기술을 엑셀의 스프레드시트로 할 수 있다는 사실을 알게 될 것이다. 우리가 살펴볼 일부 주제는 복잡해서 어쩔 수 없이 전문가에게 부탁하는 것이 최선인 경우도 있다. 그러나 전문가 중 누구도 기업의 사용자를 뛰어넘어 기업을 이해하지 못한다. 데이터 관리팀이 데이터 과학을 편안하게 느끼고 전문가에게 제대로 질문을 할 수 있는 기업의 상황이 더 좋은 것이다.

데이터 중심 기업이 되는 과정이 잘 끝났을 때, 기업은 이야기를 창조한다. 데이터의 이상한 패턴을 설명하는 흥미로운 결과로 새로운 상품과 서비스 아이디어가 생성되며, 경험과 절차를 변화하게 끔 자극하고, 그 결과로 새로운 데이터가 생성되면, 기업은 훨씬 더 멀리 앞으로 나아갈 수 있다. 데이터 분석이 연간 보고서에 얘기할 '무언가'로만 활용되고, 과학자에게 남겨두는 것이 최선이라며 실제 사업에서 멀어지면, 데이터 분석은 가치가 없다. 그러나 기업과 고객과의 관계에 대한 이야기를 구성하는 통합적인 부분으로 데이터 분석이 작용하면, 정말로 강력한 도구가 된다.

자, 이제 〈파트 1〉에서 기업의 운명을 완전히 바꿀지도 모를 데이터 분석 기술 몇 가지를 살펴보면서 시작하자.

차례

Part 1
수익을 창출하는 데이터 분석의 모든 것

Part 3
데이터 중심 기업 구축하기

Part
1

수익을 창출하는
데이터 분석의 모든 것

<파트 1>에서는 데이터가 수익으로 전환되는 다양한 방법을 이해하게 될 것이다.

몇 가지 핵심 개념을 검토하고, 이 책 전반에 사용하는 전문 용어 몇 가지를 정하여 데이터 기초와 데이터를 이해하는 방법에 친숙해지며 시작해보자. 충분히, 제대로 질문하지 못해 저지른 공통적인 실수를 살펴보고, 세분화 같은 '비지도 방식' 기술과 예측 모형 구축 같은 '지도 방식' 기술을 검토해보자.

여기서는 통계와 확률 이론 일부를 다루며, 우리가 제대로 분석 모형의 결과를 해석하고 있는지 확인하고자 한다. 그런 다음 분석 기술에 대한 지식을 어떻게 활용해 자신의 기업을 살펴볼지, 데이터 과학팀에게 어떤 질문을 던져 새로운 혁신과 재무적 이익을 이끌어낼지 실질적으로 검토하며 끝내고자 한다.

데이터 분석을 위한
몇 가지 유용한 개념

1장에서는 단순 평균을 넘어서는 방법을 탐색하고, 단순 평균을
넘어선 기업이 이익을 축적한 사례를 더 많이 알아보고자 한다.
그 과정에서 습득할 전문 용어 몇 가지가
이 책의 후반부로 가는 여정에 도움이 될 것이다.

데이터 언어

데이터로 창출할 수 있는 기업 이익에 대해 성급하게 논하기 전에, 몇 가지 용어를 정해둬야 우리가 무엇을 말하는지 정확하게 이해할 수 있다. 기업가의 관심을 끄는 많은 주제가 그렇듯이 데이터도 전문 용어로 넘쳐난다. 자, 이제 간단하지만 유용한 용어 몇 가지를 정의해보자.

- 데이터란 당신의 기업에 대해 (아마도 명확하게)알고 있는 정보의 집합을 의미한다. 고객 주소와 같은 고객에 대한 정보일 수도 있고, 상품 구매 기록처럼 고객이 한 일이나, 개별 매장의 특정 상품군 수와 같은 기업에 대한 사실, 다른 정보를 나타내는 어떤

숫자일 수도 있다. 이 각각의 사실이 점데이터이고, 점데이터가 모여 기업과 고객, 넓은 네트워크를 이루는 협력업체와 공급업체에 대해 미세한 통찰을 제시한다. 오늘날의 기업은 데이터가 넘쳐난다. 이때 기업이 데이터를 이용하고, 데이터를 이해하고, 데이터로부터 가치를 창출할 수 있다면 얼마나 좋을까.

- 데이터베이스는 데이터를 저장하는 곳이다. 데이터에 대한 의문이 들 때 찾아볼 수 있도록 말이다. 이 역할을 하는 기술 솔루션과 플랫폼은 정말 다양하다. 이 책에서는 기술적으로 세밀한 부분까지 너무 많이 다루지는 않겠다. 대신 데이터베이스를 어떻게 사용하는지, 우리가 어떤 질문을 던질 수 있는지 알아보고자 한다. 데이터 양이 정말 방대한 경우 데이터를 처리하고 가공하는 기반 기술이 일부 다르다. 이 기반 기술이 바로 최근 사람들이 말하는 빅데이터다. 그러나 전문가가 아닌 우리 관점에서 다시 말하자면, 빅데이터라는 기반 기술은 크게 걱정하지 않아도 된다.

- 데이터 과학은 데이터 분석 도구를 통칭하는 엄청난 용어다. 데이터에서 지식이나 직관을 얻기 위해 데이터 과학을 적용하는데, 이 책에서 실질적인 사례를 많이 알아보겠다. 더불어 비슷한 문맥에서 사용하는 데이터 마이닝이란 단어도 알게 될 것이다. 여러 가지 기술이 데이터 과학이라는 넓은 개념에 포함된다.

한 가지 주요한 갈래가 바로 이 책에서 살펴볼 지도 방식supervised approaches과 비지도 방식unsupervised approaches이다. 지도 방식은 데이터 과학을 사용해서 "미래에 어떤 행동을 할 것인가"와 같은 구체적인 질문에 답을 찾는 방식이다. 비지도 방식은 단순하게 데이터를 해체해, 예를 들면 분류하거나 결합하면서 데이터를 이해하려는 방식이다. 2가지 방식의 실제 사례도 살펴보고자 한다.

- 머신러닝(기계학습)은 데이터 과학의 전문 분야로 컴퓨터를 사용하여 데이터에 알맞은 모형을 찾는 기술이다. 예를 들어 예측 엔진을 구축하여 특정 고객이 어떤 상품에 가장 구매 관심을 보이는지 알 수 있다. 여러분은 아마도 머신러닝을 인공지능AI의 한 분야로 생각할지도 모르겠다. 인공지능은 데이터로 스스로 학습하는 컴퓨터 프로그램을 구축하는 광범위한 주제를 총칭한다. 콘퍼런스에서 인공지능을 주제로 많이들 이야기하는데, 이 용어는 종종 잘못 사용되거나 과대포장된다. 머신러닝은 실제로 인공지능의 한 분야이며, 인공지능은 데이터 중심 기업을 만들려는 당신의 여정과 가장 밀접하게 연관되어 있다(인공지능은 창고를 자동화하거나 기업의 가치를 증가시키는 데 다양한 방식으로 사용되는 측면도 있다).

- 인공신경망은 특정한 머신러닝 모형이다. 데이터를 분석할 때 사용하는데, 특히 데이터 세트와 답하고자 하는 질문이 꽤 복잡

한 경우에 사용된다. 인공신경망이라고 불리는 이유는 인공신경망이 사용하는 알고리즘과 사람의 뇌 신경의 연결된 방식이 서로 닮았기 때문이다. 이 엄청난 데이터 과학 기술에 불행하게도 지나치게 섹시한 이름이 붙는 바람에 '인공신경망'이란 단어가 경영 콘퍼런스에서 남용되고 있다. 사실 인공신경망 기술은 다양한 분석 기술 중 하나일 뿐이다. 해결하고자 하는 문제를 기반으로 데이터 과학자가 데이터에 적용할 수 있는 하나의 기술이지만, 때로는 최선의 방법이 아닐 수도 있다.

- 마지막으로 데이터 중심 기업이란 우리의 최종 목표를 표현하기 위해 이 책에서 만들어낸 용어다. 데이터 중심 기업은 보유한 데이터로 통찰하는 능력이 매우 탁월하다. 이런 기업이 가진 공통적인 특징과 역량을 앞으로 살펴보고자 한다.

데이터 과학은 전문 용어가 많은 분야다. 우리는 이 책을 읽으면서 몇 가지 전문 용어는 외우고 있어야 할 것이다. 대신 쉽게 설명하도록 노력할 것이다. 누군가 여러분을 정신없게 하려고 '클라우드 기반의 데이터 호수에 배치된 알고리즘'을 어떻게 사용하는지 얘기하면(이것은 그들이 거대한 데이터베이스에서 데이터 과학 업무를 수행하고 있다는 뜻이다), 똑같이 대꾸해주면 된다.

평균이 항상 틀린 이유

수년 동안 기업들이 단순히 존재하지도 않는 기회를 쫓다가 어마어마한 시간과 돈을 낭비하는 것을 보았다. 그러는 동안 진짜 있었던 기회는 완전히 잃어버렸다.

예를 들면 앞의 〈서문〉에서 언급했던 마케팅 발표를 기억해보자. 고객이 한 달에 평균 2.3번 방문한다고 했다. 우리가 이미 살펴봤듯이 이런 방식으로 도출된 수치는 오해의 소지가 있다. 이 이야기는 여기서 끝나지 않는다. 발표는 보통 고객을 인구통계학적으로 설명하는 단계로 넘어간다. 이때 고객이 평균 나이보다 많고, 북서쪽에 살며, 반려동물을 키우는 경향이 있다고 한다.

이게 정말일까? 전체 인구의 10%가 북서쪽에 살고 전체 고객의 15%도 북서쪽에 산다면, 고객은 북서쪽에 살 가능성이 크다. 하지만 나머지 85%의 고객이 북서쪽에 살지 않는다는 것도 사실이다.

그런데 이를 표의 수치나 그래프로 보면 액면 그대로 받아들이기 쉽다. 여러분이 이 사실을 알아채기도 전에, '영국 북서부 컴브리아주에 살며 개를 키우는 연금수령자'로 그려진 밑그림이 경영진 회의의 흐름을 지배하게 되는 것이다. 비록 해당 고객들이 소수 고객층이라도 말이다.

그러므로 우리는 이런 요약된, 오해의 소지가 있는 통계를 꿰뚫어 보고, 데이터가 실제로 기업에 대해 말하고자 하는 속뜻을 제대로 파악해야 한다.

블랍 이해하기

우리는 가상의 소매기업 한 곳을 분석하고자 한다. 소매기업에는 당연히 고객이 있고, 우리는 지금 보는 그래프에 이 고객을 블랍Binary Large object(대개의 경우 데이터베이스 시스템에서 사용하는 이진 데이터, 대형 멀티미디어 데이터 형식으로 이 책에서는 편의상 고객 데이터로 이해-옮긴이)으로 표시할 것이다. 현실에서 고객은 이름과 얼굴, 주소가 있고, 흥미진진한 이야기가 있는 사람이다. 블랍BLOB도 고객처럼 확실히 다양한 정보가 있다. 하지만 우리의 목적 달성을 위해 블랍을 그저 차트에 표시되는 점데이터로 생각할 것이다. 어떤 차트에서는 블랍이 모두 똑같아 보이기도 하고, 또 어떤 차트에서는 다른 그룹으로 묶이기도 한다. 이는 블랍이 어떤 행동을 취하는지, 우리가 블랍에 대해 무엇을 알고 있는지에 따라 달라진다. 실제로 우리가 살펴볼 분석 기술 대다수가 블랍을 그룹으로 나누는 방법이며, 아마도 블랍이 특정 상품을 살 가능성에 따라 나눌 것이다.

우선 일부 블랍이 매주 우리 기업에서 얼마나 많은 돈을 소비하는지 생각해보자. 다음 <블랍이 매주 점포에서 소비한 금액> 차트를 보자. 몇 가지 통계를 사용해 우리가 차트에서 무엇을 알 수 있는지 설명해보자.

- 블랍은 매주 **평균**(우리가 보통 사용하는 산술평균) 73파운드를 쓴다. 각 블랍이 쓴 금액을 모두 더한 다음에 블랍의 수로 나누면 계산할 수 있다. 여기서 블

블랍이 매주 점포에서 소비한 금액

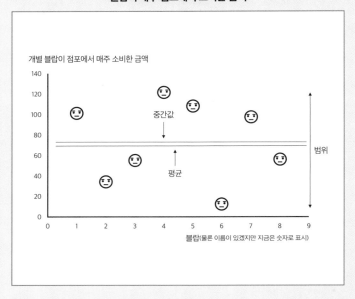

개별 블랍이 점포에서 매주 소비한 금액

블랍(물론 이름이 있겠지만 지금은 숫자로 표시)

랍의 수는 8이다.

- **중간값**은 개별 블랍이 사용한 금액을 가장 적은 금액부터 가장 큰 금액까지 순서대로 줄을 세웠을 때, 중간에 있는 값이다. 차트에서 중간값은 블랍이 짝수이기 때문에 가운데 두 점의 절반값인 76.5파운드다. 정확히 블랍의 반이 중간값보다 적게 쓰고 나머지 반이 중간값보다 많이 쓴다. 그래서 중간값은 일종의 중간 지점을 알려준다. 평균과 중간값이 같을 필요가 없으며, 실제로 다르다는 점은 주목할 만하다. 블랍 9개가 한 주에 1파운드를 쓰고 블랍 1개가 한 주에 91파운드를 쓰면, 블랍이 소비하는 평균 금액은 10파운드(전체 100파운드를 블랍의 수 10으로 나눔)이고, 중간값은 1파운드다.

지금까지는 좋다. 모든 블랍을 어떻게든 한 세트로 다루려면 평균과 중간값이라는 간단한 수치보다 더 많은 정보가 있어야 블랍을 설명할 수 있다. 이 점을 시각적으로 보여주는 다음에 나오는 그래프를 보자. 블랍 두 세트가 매우 다른 모습을 띤다. 사실 블랍 두 세트 모두 평균 73파운드, 중간값 76.5파운드로 앞서 살펴본 메인 데이터 세트 수치와 동일하다. 그러므로 우리는 블랍과 블랍 행동을 진정으로 설명하기 위해 더 많은 통계가 필요하다.

평균과 중간값이 두 데이터 세트 간의 커다란 차이를 잡아내지 못하므로, 이 차이를 설명할 수 있는 더 좋은 해결책인 **표준편차**의 개념을 알아야 한다.

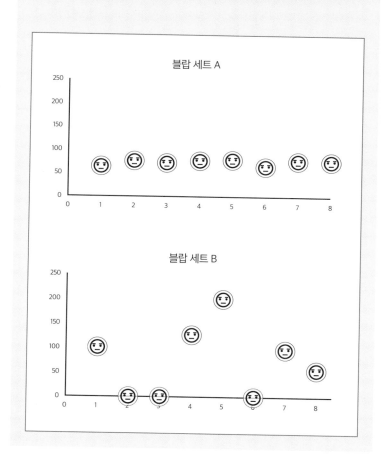

블랍이 매주 소비한 금액을 가장 많은 금액부터 가장 적은 금액까지 늘어놓으면, 3가지 데이터 세트는 상당히 다른 모습을 보인다. 표준편차는 학교에서 거의 마지막까지 배운 통계로, 우리의 여정을 계속하는 데 필요하다.

표준편차는 데이터가 평균으로부터 얼마나 멀리 떨어져 있는지 측정한 수치다. 만약 모든 값이 서로서로 아주 비슷하다면 표준편차가 매우 작을 것이며, 데이터가 널찍이 퍼져 있다면 표준편차가 훨씬 클 것이다.

앞에서 첫 번째로 나온 데이터 세트의 경우 블랍이 매주 소비한 금액의 표준편차는 37파운드다. 사실상 각각의 블랍과 평균 금액 차이를 평균한 값이다. 수학적 개념이 있는 사람들을 위해 굳이 다시 설명하면 각 데이터 값과 평균값의 차이를 제곱하여 평균을 구하고, 이에 제곱근을 구한 값이다. 약속하건대 표준편차를 구하는 퀴즈는 나중에라도 절대 나오지 않을 것이다.

표준편차는 더 일반적으로 접근하면, 데이터가 얼마나 퍼져 있는지 혹은 얼마나 비슷한 무리로 모여 있는지 알려주는 아주 강력한 개념이다. 표준편차는 다음 장에서 자세히 살펴보고자 한다. 지금은 블랍이 매주 소비한 금액 같은 점 데이터 세트를 설명하려 할 때, 평균과 중간값, 표준편차를 강력한 변수로 삼아 이 점데이터에 대해 우리가 아는 바를 요약할 수 있다는 사실로 충분하다.

평균 파헤치기

주요 뉴스의 통계 뒤 세부 사항을 이해하는 것은 데이터 중심 기업이 나아갈 첫 번째 단계로 대단히 중요하다. 개별 점데이터가 실제로 얼마나 퍼져 있는지 이해하고, 앞에서 살펴본 통계를 활용해 기초 데이터의 도표를 살펴보는 것만으로도 우리는 평균에 속지 않을 수 있다.

그렇다면 스스로에게 물을 수도 있다. '이 말의 요점이 무엇인가?' 자, 이런 식으로 데이터를 설명하는 방법을 이해한다면 기업에 훌륭한 장점이 될 것이다. 데이터를 설명하는 방법 대부분은 이런 통계 용어를 알면 피할 수 있는 함정에서 배울 수 있다.

어떻게 가족의 평균 자녀가 2.4명이 되냐며 도대체 0.4명은 어떻게 생긴 거냐고 하릴없이 의문을 제기하는 농담을 우리 모두가 들어본 적이 있다. 이게 바로 평균이 얼마나 오해의 소지가 있는지 보여주는 예가 되며, 우리가 정리한 통계 용어로 그 이유를 이해할 수 있다. 블랍 중 그 누구도 한 주에 73파운드를 쓰지 않는다. 그 수치가 블랍 전체를 대표하는 평균일지라도 말이다. 누군가는 더 쓰고, 누군가는 덜 쓴다. 표준편차로 우리는 그 차이를 측정할 수 있다. 평균이 항상 틀리다면 표준편차로 얼마나 틀린지를 알 수 있다.

표준편차는 당신이 기업 통계를 보고받을 때 가장 많이 활용할 개념일 것이다.

운영 점검 회의에서 '우리 점포는 평균적으로 재고를 3주 동안 보유한다'는 말을 들을지도 모른다. 평균 및 표준편차에 대해 몇 가지 핵심적인 질문을 하고 실제 데이터를 차트에 표시해서 보여 달라 요구하면, 전략적으로 중요한 통찰에 이를 수 있다. 3주라는 재고 보유 기간은 괜찮은 수준일지도 모른다. 하지만 20주 이상 재고를 보유하는 점포가 하나라도 있다면, 아마도 그 점포에는 뭐가 됐든 무슨 조치를 취하고 싶을 것이다.

평균에 가려진 숫자 찾기

기업과 관련해서 어떤 간략한 통계가 있는가?

수익과 관련된 통계를 선택할 수도 있다. 이를테면 개별 고객이 몇 번 방문하는지, 물건을 팔 때마다 평균 비용이 얼마인지 알아볼 수 있다. 또는 운영 수치를 선택할 수도 있다. 개별 점포의 판매 전환율 또는 판매 채널에 따른 재고 비율, 판매 비율을 알아볼 수 있다.

어떤 방법을 선택하든지 간단한 평균 수치 뒤쪽에 있는 실제 데이터를 살펴봐야 한다. 당신이 처음 받은 수치는 보통 평균값일 텐데, 그럼 중간값은 얼마인가? 만약 중간값이 평균과 매우 다르다면 이는 기초 데이터에 흥미로운 일이 벌어지고 있다는 단서가 된다. 마찬가지로 데이터의 표준편차는 얼마인가?

마지막으로 평균을 이루는 실제 점데이터가 흩어져 있는 도표(산포도)를 살펴봐야 한다. 가상의 예제에서 보았듯 데이터를 자세히 살펴보면, 서로 제각각인 점데이터에서 상당히 색다른 그룹을 즉시 잡아낼 수 있게 될 것이다.

통계: 의미 있는 순간 vs 의미 없는 순간

우리는 방금 간단한 통계로 고객(또는 점포, 상품, 공급자) 모두가 동일하지 않다고 깨달았다. 통계를 분석하는 여정을 시작했으니, 이 여정에서 기업은 엄청난 가치를 얻을 수 있을 것이다. 2장에서 한 걸음 더 나아갈 것이다.

하지만 그 전에 마지막으로 한 가지 알아야 할 통계 개념이 있다. 기업 데이터를 다루는 데 도움이 될 이 개념은 새로운 측정법이 아니라, 우리가 지금까지 사용해온 개별 통계의 중요성을 이해하는 방법이다. 바로 통계적 유의성statistical significance이다.

판매 지사가 북부와 남부로 나뉘고, 고객에게 전화를 걸어 상품을 판매하는 직원이 근무한다고 상상해보자. 북부 지사에서 무작위로 직원 한 명을 선택하고, 남부 지사에서 또다시 무작위로 한 명을 선택한다. 그리고 현재 기준으로 지난달 대비 두 사람의 판매 전환율을 측정해보자.

북부 지사 직원은 남부 지사 직원보다 더 높은 판매 전환율을 보인다. 그렇다고 북부 지사가 남부 지사보다 더 판매를 잘한다고 결론을 낼 수 있을까?

당신이 그런 결론을 낼 것 같지는 않다. 그런 결론이 이 실험의 증거와도 상당히 동떨어진 소리로 들리는 이유는, 당신이 직관적으로 통계적 유의성에 대한 개념을 이끌어냈기 때문이다. 첫 번째로 뽑은 북부 지사 직원이 단지 정말로 실력이 좋은 판매원일 가능성도 온전히 존재한다. 다만 전 직원을 전적으로 대표하지 못할 수도 있다. 마찬가지로 남부 지사에서 우연히 저성과자를 뽑은 걸 수도 있으며, 그 직원이 해당 달만 실적이 안 좋을 수도 있고 전 직원을 대표할 표본이 아닐지도 모른다.

다시 북부 지사 전 직원, 남부 지사 전 직원의 판매 전환율을 측정하여 북부 지사의 평균 판매 전환율이 남부 지사보다 낫다고 판정되면, 북부 지사 직원들이 일반적으로 남부 지사 직원들보다 성과가 더 좋다는 결론을 내릴 타당한 이유가 될 수 있다. 하지만 각 지사에서 한 명을 그냥 선택해 결론을 내리고자 한다면 너무 임의적이다.

통계학 이론서에서 통계적 유의성을 계산하는 산식은 조금 복잡하지만, 통계적 유의성이란 개념에 대해 우리가 알아야 할 중요한 핵심은 따로 있다. 조금 더 실질적인 예를 들기 위해 북부 지역과 남부 지역의 평균 판매 전환율을 우리가 안다고 상상해보자. 북부는 15.2%인 반면에 남부는 12.8%이다. 북부 지역, 북부 시장의 성과를 얘기할 때 더 높은 판매 전환율을 이끄는 구조적인 차이가 있다고 확실하게 결론을 낼 수 있을까? 아니면 단지 우연히 알게 된 차이일까?

- 통계적 유의성은 2가지 가정을 비교하는 것이다. 앞선 사례에서 ①북부 지역의 성과가 남부 지역보다 낮다는 가정과 ②두 지역의 성과가 실제로 동일하고 수치의 차이가 무작위적 우연이라는 귀무가설$^{\text{null hypothesis}}$과 비교한다.

- 정답은 유의수준$^{\text{significance level}}$의 임계값과 비교하여 측정할 수 있다. 통계학자나 연구자가 '이 성과의 수치는 통계적으로 95% 신뢰할 수 있다'고 말하는 것을 종종 들은 적이 있을 것이다. 이는 오직 5% 확률로 가정과 다른 결과가 무작위하게 발생할 수 있음을 의미한다.

- 수학적으로 풀고 싶은 호기심이 생기면, 앞에 나온 것 같은 사례에서 보통 귀무가설을 세운다. 북부 지역과 남부 지역 모두 모집단 수가 사실상 동일하고, 개별 직원의 성과가 평균에 고르게 분포한 전형적인 종 모양을 띤다고 가정한다(종 모양의 분포도 곧 알아볼 예정이다). 그런 다음 모집단에서 성과 기록 두 세트를 무작위로 뽑았을 때 남부와 북부의 실제 데이터가 서로 다를 확률을 계산한다. 이 사례에서 산출된 확률이 허용 가능한 임계값인 5%보다 작으면, 95%의 신뢰 수준에서 북부 지역과 남부 지역의 성과가 동일하지 않다기보다는, 서로 다른 성과 수준을 보이는 별개의 두 모집단이란 뜻이다.

- 동일한 모집단에서 뽑은 표본 2개가 확연히 다른 성과를 보이

는지 수학적으로 검증할 때, 보유한 데이터가 많을수록 더 나은 결과를 얻는다는 것은 당연하다. 데이터 표본 수가 적으면 결론을 도출하기가 더 어렵고, 데이터 수가 많으면 발견한 차이에 대해 좀 더 확신할 수 있다.

• 차이가 클수록 그 차이가 우연히 생길 가능성은 더 적고, 실제 증거가 될 가능성은 더 커진다. 하나의 평균값에 우연하게 발생하는 측정 오차, 즉 무선오차$^{\text{random variance}}$가 없다고 보여주는 데 그치지 않고, 두 팀의 성과가 다르다는 증거가 된다.

이러한 모든 통계가 실질적으로 사업에서 의미하는 바를 알려면, 숫자 2개에 드러난 차이를 발견했을 때 그 중요성을 제시한 사람에게 물어볼 필요가 있다.

기업에게 중요한 유의성

기업이 통계의 유의성을 이해하지 못하고, 결과적으로 값비싼 실수를 저지른 것을 수도 없이 보았다. 예를 들면 고객의 15%가 연금수령자라고 상상해보자. 마케팅 보고서에서 특정 상품의 구매자 중 19%가 연금수령자라고 한다. 이는 전체 상품의 연금수령자 비중보다 높은 수치다.

1장 보았듯 경영진은 이러한 높은 수치에 정신이 팔릴 위험에 처해 있다. 그리고는 이 상품을 '연금수령자 상품'으로 설명하기에 이른다. 많은 연구보고에서 그렇듯, '연금수령자에 대한 이 상품의 지수는 127이다'라고 데이터를 설명하는 것이 훨씬 더 정확하다. 용어를 제대로 쓰지 않으면 오해의 소지가 매우 커진다. 특정 상품의 연금수령자 비중 19%를 고객 중 연금수령자 비중 15%로 나누면 1.27이 된다(어떤 의미에서 이 상품을 연금수령자에게 판매한 비중이 평균보다 27% 더 높다고 할 수 있다). 분명하게 알 수 있는 것은, 수치는 시작 비중을 제대로 알 때만 연관성이 있다는 것이다. 만약 표본 수가 매을 적다면, 높은 지수를 보여도 여전히 매우 적은 수일뿐이다.

이제 우리는 통계적 유의성을 이해하는 과정을 통해, 표본 크기에 따라 어떤 것은 사실이 아닐 수 있다는 것을 알게 됐다. 특정한 날에, 특정 매장에서 이 상품을 구매한 사람이 그저 우연히 조금 나이가 많은 경우일지도 모른다. 당신이 속한 기업에서 체크무늬 러그나 슬리퍼를 팔려고 영업 마케팅 캠페인을 계획하고 개시하기 전에, 그 결론이 과연 의미가 있는지 되돌아볼 필요가 있다. 유의성 계산은 복잡할지도 모른다. 하지만 이해 못 할 정도는 아니다. 유의성 계산은 데이터에서 사업상 결론을 이끌어내기 전에, 반드시 거쳐야 할 필수적인 요소다.

종 모양 곡선의 위험성

결론이 유의한지 묻는 질문에 지나치게 의존하기 전에, 고려해야 할 중요한 주의사항이 있다. 유의성 임계값 계산은 매우 복잡하지만, 우리가 검토할 데이터에 몇 가지 가정을 세워 훨씬 더 간단하게 살펴볼 수 있다. 다음에 나오는 도표가 좋은 예시다. 아마도 무작위로 선택한 데이터가 한가운데 평균값을 중심으로 멋진 대칭을 이룬다는 가정을 세우고 싶은 유혹을 느낄 것이다.

　데이터가 종 모양의 분포를 이루는 그래프를 **정규분포**normal distribution라고 한다. 데이터가 정규분포를 따르려면 몇 가지 조건을 갖춰야 한다. 아주 흥미롭게도 데이터가 정규분포를 따를 때, 점데이터 중 68%가 평균에서 1 표준편차만큼 크거나 작은 범위에 들어와야 하며, 점데이터 중 95%가 평균에서 2 표준편차만큼 크거나 작은 범위 안에 들어와야 한다.

정규분포라는 멋진 세계에서의 점포당 판매금액

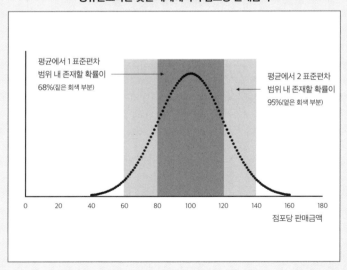

그러나 현실에서, 특히 기업 데이터 세계에서는 데이터가 정규분포를 따른다고 가정하는 실수를 범한다. 우리는 고객 방문 빈도, 판매 전환율, 재고 보유 수준 등 많은 것을 평균으로 측정하지만, 이 수치는 0보다 작을 수 없고 0보다 더 커야 의미가 있다. 즉 아래에 나오는 그래프처럼 한쪽으로 치우쳐야 한다는 의미다. 다른 모양을 띠는 데이터의 통계적 유의성을 계산하는 것도 가능하지만 더 어렵다.

실제 기업 데이터의 모습

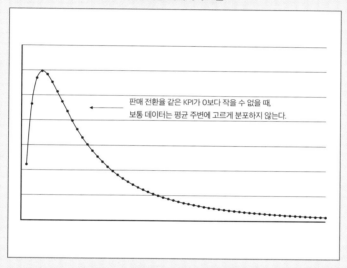

판매 전환율 같은 KPI가 0보다 작을 수 없을 때,
보통 데이터는 평균 주변에 고르게 분포하지 않는다.

지금은 우리가 유의성 문제를 깨달았으니 결국 직관적인 판단이 도움이 될 수도 있다. 관찰에 기초해서 중요한 의사결정을 하지 마라(이 시장에서 고객은 다른 시장의 고객과 다르게 행동한다). 데이터 간 차이가 작게 느껴지고 그저 임의로 생긴 우연한 차이인 것 같다면 말이다. 더 많은 데이터를 요구하고 더 극적인 차이에 기초한 의사결정을 해야 한다.

1장의 마무리

기업이 데이터를 다룬다는 것은, 어떻게 데이터에서 수익을 창출하는지 파악하려 애쓴다는 의미다. 데이터를 다룰 때, 헤드라인에 나온 통계를 피하는 다른 방법은 없다.

1장에서 살펴본 간단한 통계는 계량적 분석을 하는 데 필요한 도구로 큰 도움이 될 것이다. 그럼에도 여전히 계량적 분석을 걱정해야 하는지 궁금해하는 것도 무리가 아니다. 업계에 분석 전문가가 정말 있을까? 누가 이 모든 데이터를 분석하고 우리에게 결론을 간단히 전달할까? 아마도 있을 것이다. 데이터를 캐묻는 방법에 스스로 친숙해질 때 한 가지 장점이 있다. 분석 전문가가 수행하는 업무를 더 쉽게 이해하고, 분석 전문가에게 더 수준 높은 질문을 할 수 있다는 것이다.

또 다른 장점은 데이터와 친숙해질수록 기업이 평균에 속아 흔히 저지르는, 값비싼 실수를 더 많이 피할 수 있다는 것이다. 데이터를 분석하는 여정을 계속하기 전에, 다음 장에서 매우 전형적인 실수 한 가지를 짚어보려고 한다. 아마 남 일 같지 않아서 읽으면서도 편하지는 않을 것이다.

Chapter
2

우리 모두가 한 번쯤은
저지르는 실수

2장에서는 흥미로운 통계 현상을 살펴볼 것이다.
어쩌면 이 통계 현상 때문에 데이터를 더욱 오해하게 되고,
시간과 돈을 낭비하는 것일지도 모른다.

시나리오 하나를 가정해보자. 당신 기업에는 점포군(또는 식당이나 다른 아울렛)이 있다. 점포의 위치가 각기 다르므로 성과도 다르다. 성과가 좋은 점포도 있고, 더 나은 성과를 냈으면 하는 점포도 있다.

그래서 기업에 적용되는 성과 측정법 하나를 골라 성과표를 만든다. 경영진이라면 모두, 어느 시점에서든 성과표를 만들어본 적이 있을 것이다. 성과표는 성과 관리에서 아주 훌륭한 도구다. 우선 누구라도 성과표 하단에 놓이기 싫어하므로, 전반적인 성과를 끌어올릴 목적으로 고위급 간부가 제시하는 성과 보상 프로그램과 교육·개선 프로그램을 모두 도입한다. 여러 지역의 거의 모든 기업이, 성과표 하단에 있는 점포의 성과를 간단하게 늘릴 수 있다면 전반적으로 전사 성과에 큰 차이를 낼 수 있다는 사실을 발견했다.

작성한 성과표를 기업 내부에서 돌리면, 자연스럽게 성과가 낮은 점포에 시선이 쏠린다. 성과표에서 하위 25%의 점포를 어떻게 개선할 수 있는지 생각해보자. 성과 관리팀과 개선 프로그램을 만든다. 개선하면 보상을 주는 당근 전략이나 모든 관리자를 해고하거나 교체하는 채찍 전략, 또는 당근과 채찍 전략을 함께 쓸 수도 있다.

성과 개선 프로그램이 일단 준비가 됐다. 그러면 자연스럽게 이 프로그램이 효과가 있는지 알고 싶어진다. 그래서 프로그램 대상인 하위 25%의 점포 성과를 전 지역 성과와 대비해 측정한다. 성과 개선 프로그램을 진행하는 동안 하위 점포들이 8% 성장했다는 좋은 소식이 있다. 반면에 전 지역의 점포 성과는 3%만 증가했다. 성과가 가장 낮은 점포들과 나머지 점포의 성과 차이가 줄어들면 성과 개선 프로그램이 효과가 있다고 할 수 있다.

그렇지 않은가?

안타깝지만, 꼭 그렇지는 않다. 점포마다 성과가 변동하는 정도가 있을 것이다. 점포를 정해서 매주 성과를 도표에 알맞게 찍어보자. 우리가 1장에서 살펴본 어떤 곡선 분포를 볼 수 있다. 점포마다 '평균' 성과가 보통 분포 곡선의 중간에 있다. 성과가 좋은 주가 있고 나쁜 주가 있는데, 외부 요인이 전부 다르기 때문이다. 예를 들면 쇼핑센터에 입점한 점포의 직원들이 잇따라 질병에 걸리는, 그런 일이 벌어지기도 한다.

지금 살펴본 사례는 점포마다 평균 성과가 다른 사례다. 전체 포트폴리오로 보면 성과가 뛰어난 점포가 있고 저조한 점포도 분명 있을 것이다. 이게 문제다. 특정 거래 기간에 가장 성과가 안 좋은 점포 한 곳을 표본으로 골랐을 때, 그 점포가 항상 성과가 저조한 곳은 아니다. 평소 성과가 더 뛰어난 점포인데 우연히 그 기간에 성과가 안 좋은 주간·월간·분기를 보냈을 수 있다.

표본이 한쪽으로 치우치거나 편향된 경우도 살펴보자. 만약 같은 점포군이 성과 개선 프로그램에 참여하지 않았을 때, 시간이 지나 점포의 성과를 측정하면 그 점포의 성과가 진짜로 계속 저조할 것이라고 예상할 수 있다. 또한 성과가 안 좋은 주간에 성과를 측정해서 하위 25%의 점포군이 됐다면, 평소에 달성하던 평균 성과로 개선될 것이라 예상할 수도 있다. 결국 성과 하위 25%에 속하는 점포 전체의 성과가 여러 사업을 능가한 것처럼 보일 것이다. 점포 성과를 처음 측정한 시점에 안 좋은 주간을 보냈다면, 그 점포는 아주 쉽게 다시 평소 성과로 돌아갈 수 있다.

통계학자들이 이 현상에 이름을 붙였다. 바로 평균으로의 회귀 regression to the mean이다. 특정 시점에 성과가 저조한 점포 중에서 표본을 선택한다. 그 뒤에 다시 성과를 측정하면 전반적인 성과가 전체 점포의 중간, 즉 평균에 조금 더 가까워지는 것을 볼 수 있다. 이런 점포는 운이 없게 표본으로 선택됐지만 평소 실적을 회복했기 때문

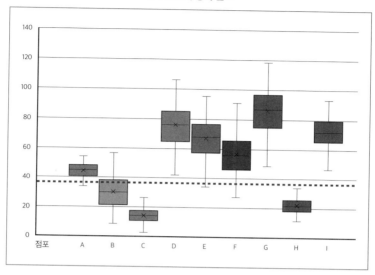

9개 점포의 성과 분포

- 이 차트에서 몇 주에 걸쳐 측정한 점포 9곳의 성과를 볼 수 있다. 각 점포의 평균 성과는 상자의 한가운데 선을 보면 된다. 상자의 윗선과 아랫선은 각각 성과의 75%, 25% 지점을 나타낸다(그래서 측정 기간의 절반이 지났을 때, 점포의 성과는 상자 안에 있게 된다). 상자 위아래 쪽에 있는 선은 가장 좋은 성과와 가장 낮은 성과를 기록한다.

- 특정 주간에 하위 성과를 보인 점포 3곳이 점선 아래에 있다. 정확하게 말하면 점포 C와 H, 3번째로 안 좋은 점포 B다. 점포 A와 E, F도 어쩌면 부분적으로 별로 안 좋은 주간을 보냈을 수도 있다.

이다. 물론 같은 논리가 거꾸로 적용되기도 한다. 뛰어난 성과를 보인 점포가 시간이 지날수록 평균 성과로 하락하는 경향을 보일 수도 있다.

통계적으로 가공된 이 모호한 수치를 점포 성과 하나에만 적용하지는 않는다. 기업에서 개개인의 성과표를 분석하거나 다른 부문과 부서의 성과를 분석하는 데 적용하기도 한다.

이러한 개념을 갖추고서 기업의 성과 관리나 이윤 추구 과정을 생각해보자. 점포를 최적화해본 적이 있는가? 과거 당신의 서비스를 이용했으나 지금은 이용하지 않는 고객을 대상으로 마케팅 목표를 세워본 적이 있는가? 기업 가치를 높이려는 조처를 했다고 스스로 확신해본 적이 있는가? 아직도 확신하는가?

물론 기업 가치를 높였다고 확신할 방법은 있다. 평균으로의 회귀 현상을 설명하는 데 우리는 표본이라는 단어를 여러 번 사용했다. 문제의 핵심은 편향된 표본을 선택하는 데 있다. 성과 개선 프로그램을 실행한 뒤 편향된 표본의 성과를 측정한 것이다. 아픈 사람을 표본으로 선택해서 당신이 발명한 약을 투여한다면, 일부는 바로 병을 회복할 수 있다. 어쨌든 더 좋아질 사람이었기 때문이다. 만약 성과가 형편없는 점포를 표본으로 선택하면, 일부 점포는 당신이 취한 조치에 상관없이 성과가 개선될 수 있다. 왜냐하면 당신이 그 점포를 성과가 안 좋은 날에 선택했기 때문이다.

점포에 적용한 성과 개선 프로그램이 효과가 있는지 없는지 실제로 알아보려면 중요한 개념이 필요하다. 이 책에서 몇 번이고 다시 논의할 개념이다. 당신이 취한 조치를 정직하게 측정하는 아주 멋진 마법, 대조군control group을 알아보자.

우리 실험에서 하위 25%에 속하는 점포에 노력을 쏟는 대신 일부 점포를 무작위로 선택하여, 이른바 대조군을 성과 개선 프로그램에서 제외시키자. 그런 다음 결과를 측정하면 새로운 결과를 얻게 된다. 대상 점포 중 성과 개선 프로그램을 실행하지 않은 점포를 전사와 비교하여 개선했는지 측정하는 대신(어쨌든 평균으로 회귀할 가능성이 매우 크다), 프로그램을 실행한 점포와 비교해서 개선됐는지 측정하는 것이다. 하위 25% 집단에서 무작위로 뽑은 그룹이기 때문에 이 또한 평균으로 회귀한다고 증명할 수도 있다. 이제는 성과 개선 프로그램을 실행한 점포가 대조군보다 더 빠르게 성과가 개선됐는지 확인해봐야 한다. 만약 그렇다면 이것은 성과 개선 프로그램이 잘 작동한 훌륭한 사례이다.

이것은 매우 중요하다. 이 책의 후반부 〈파트 3〉에서 대조군을 사용하는 아이디어를 다시 살펴볼 것이다. 데이터를 중심으로 운영되는 훌륭한 기업은 무언가 측정할 때 대조군을 사용한다. 단지 평균으로 회귀한다는 이유가 아니라도 대조군은 훌륭한 본보기가 된다. 얼마나 많은 사람이 마케팅 메시지에 반응하는지 살펴볼 기초 지표를 얻으려면 대조군이 필요하다. 그래야 당신이 실행한 마케팅 활동이 실제로 얼마나 효과가 있는지 확실하게 측정할 수 있다. 당신이 조직에서 무언가를 하려면 비용이 수반된다. 그렇기 때문에, 개선된 성과를 정확하게 측정하는 것이 기업 운영의 핵심이다.

2장의 마무리

1장에서 보았듯이 데이터 중심 기업을 구축하는 첫 번째 단계는 우리 스스로가 데이터 그 자체와 친숙해지는 것이다. 1장에서 알아본 간략한 계량 분석을 사용하면 그 어떤 데이터 세트라도 설명할 수 있다. 평균과 중간값, 표준편차를 조합하여 좀 더 고차원의 관점에서 명확하게 무슨 일이 일어나는지 알 수 있다. 더불어 통계적 유의성이라는 온전성 검사까지 하고 나면, 평균으로 모든 정보를 알 수 있다고 가정하는 실수를 피할 수 있다.

평균으로의 회귀에서 보았듯이, 평균은 파악하기 힘들고 저항하기도 어려운 개념이다. 기업에서 당신이 취한 조치의 영향, 마치 성과가 형편없는 점포에 실행한 성과 개선 프로그램의 영향을 측정할 때처럼 말이다. 이런 환경에서 대조군은 든든한 아군이 된다.

간략한 계량 분석을 발전시키려면 점포, 재고, 영업, 고객에 대한 데이터를 마주했을 때, 데이터를 도표에 표시하고 세부 사항을 파고들어야 한다. 이를 대체할 수 있는 것은 없다. 3장에서 살펴볼 다양한 데이터 분석 기술도 이렇게 간단하게 시작한다. 실제로 가장 강력한 머신러닝 분석 알고리즘 대다수가 우리가 맨눈으로도 알아볼 수 있는 패턴 인식 방법을 모방한다. 이제 한눈에 이해하기 쉬운 머신러닝 분석을 해보자.

고객 데이터 세트
세부사항 살펴보기

3장에서는 좀 더 현실적인 고객 데이터 세트를 살펴보며 시작하고자 한다.
그래프 위에 단지 선을 하나 그리고는, 얼마나 쉽게 데이터 세트에서
잘못된 결론을 도출하는지 알아보자. 또한 데이터를 2가지로
다르게 해석하면서 수립한, 확연히 다른 전략도 탐색해보자.

직선의 함정

1장에서 나왔던 블랍으로 다시 돌아가보자. 이번에는 블랍 데이터를 2가지 측면에서 살펴보고자 한다. 다음 도표의 X축(가로축)에서는 고객이 우리 기업과 거래한 기간을, Y축(세로축)에서는 1장에서 보았듯 고객이 매주 우리 기업에 소비한 금액을 살펴보자.

〈거래 기간별 매주 소비한 금액 1〉 도표에서 고객층을 살펴보는 방식은 매우 흥미롭다. 오랫동안 거래한 고객이 거래한 지 얼마 안 되는 고객보다 적은 금액을 지출한 사실을 곧바로 알 수 있다. 이런 데이터를 마주하면 고객과 기업의 관계가 어떻든 간에, 이런 것이 일반적인 관계인지 궁금해진다. 왜 거래한 기간이 길면 고객이 더 적게 구매하는 것일까?

거래 기간별 매주 소비한 금액 1

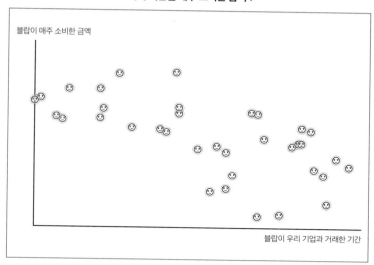

거래 기간별 매주 소비한 금액 2

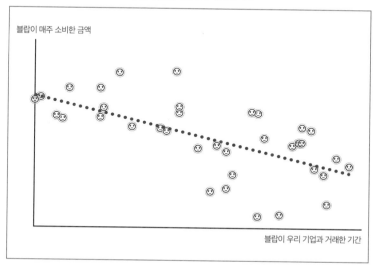

기업에서 작성한 이러한 도표에 무언가 더해진 것을 많이 봤을 것이다. 바로 최적선$^{line\ of\ best\ fit}$이다. 최적선을 통해 우리는 훨씬 더 다채롭게 생각해볼 수 있다. 두 번째 〈거래 기간별 매주 소비한 금액 2〉 도표를 보자. 이 도표에서 최적선은 점선으로 표시되어 있고, 이는 점 데이터 대부분과 가장 가까운 선이다.

최적선 이탈과 머신러닝

잠깐 시간을 내서 최적선을 더 알아보자. 앞으로 큰 도움을 받을 개념이다. 아마도 최적선을 어떻게 그리는지 궁금할 것이다. 물론 궁금하지 않을 수도 있지만 중요한 개념이기 때문에 어쨌든 설명하고자 한다.

앞에서 살펴본 간단한 예시처럼 2가지 차원을 보여주는 그래프에서는 최적선을 그리는 공식이 있다. 그러나 데이터가 더 많고 더 복잡한 사례라면, 놀랍게도 기계로 그 답을 찾을 수 있다.

단계별 과정인 다음 알고리즘을 따라 최적선을 찾는다.

- 무작위로 직선을 하나 그어라.
- 그래프에 찍힌 점데이터와 직선과의 거리를 모두 측정해서 더해라(당신의 추측이 얼마나 틀렸는지 알아보는 법이다).
- 직선을 조금씩 움직여서 거리를 다시 측정하자. 새로운 선이 첫 번째 추측보다 덜 틀렸는지 알 수 있다.
- 더 이상 선과 점데이터의 거리가 줄어들지 않을 때까지 이 과정을 반복한

다. 다했는가? 그렇다면 당신은 최적선을 그린 것이다.

최적선을 찾을 때까지 그 답을 추측하고 미세하게 조정하는 이런 알고리즘 작업을 컴퓨터로 한다면? 어이없겠지만 당신은 이미 **머신러닝** 형식을 이용하고 있다. 머신러닝은 대체로 데이터를 설명하는 모형을 하나 선택한다. 그다음 반복적으로 모형의 매개 변수를 수정하여 데이터에 가장 밀접한 모형이 될 때까지 맞춘다. 모형은 주어진 데이터가 더 많을수록 더 좋은 모형이 되는데, 이는 데이터에서 학습했기 때문이라 할 수 있다. 이 사례에서 우리는 직선 모형을 만들었다. 즉 우리가 측정한 두 변수가 직선 관계라고 가정한 것이다. 이러한 학습은 우리가 가지고 있는 실제 데이터에 가장 잘 맞을 때까지 매개변수를 바꾸는 과정이다.

그동안 '머신러닝'이 기업에(혹은 당신의 기업에) 어떤 의미인지 걱정했을 것이다. 하지만 최적선이 그려진 그래프를 본 순간, 당신은 이미 머신러닝을 사용한 것이다. 미디어에서 어떤 기업이 '머신러닝으로 미래 예측 모델 최적화'를 했다는 소식을 들었다면, 해당 기업 역시 최적선을 보고 있는 것인지 생각해보는 것도 좋다. 참고로 머신러닝 과정은 뒤에서 다시 논의할 것이다.

우리는 방금 어떤 함정에 빠졌을까?

지금까지 아주 좋다. 3장을 시작하면서 그래프를 분석하는 방법을 살펴보았다. 하지만 이 방법에도 위험한 함정이 있다. 그러니 그래프를 분석하는 다른 방법도 알아보자. 이 함정은 가정이라는 단어에 내포되어 있다. 데이터를 분석할 때마다 어떠한 가정을 세웠는지, 우리 스스로와 다른 사람들에게 명확히 해야 한다. 방금 데이터에 알맞은 직선을 그리면서 X축 변수(우리 기업과 거래한 기간)가 Y축 변수(매주 고객이 소비한 금액)에 어떤 식으로든 영향을 미친다고 실제로 말했다. 해당 직선은 관계를 시사하며, 우리는 그 관계가 일반적이라고 가정하고 싶은 유혹에 빠진다. 하나가 다른 하나에 직접 영향을 미친다고 말이다.

이런 식으로 원인을 가정할 때, 새로운 데이터가 나오면 실질적으로 영향을 미친다. 그 원인을 검토 없이 그대로 받아들이는 것이다. 새로운 데이터도 같은 직선에 부합해야 한다고 말이다. 만약 고객의 색다른 기록을 발견한대도, 그 관계는 그대로여야 한다. 우리는 또한 X축 변수(이 사례에서는 우리 기업과 거래한 기간)가 변한다고 가정하는데, 종속변수 또한 변한다. 쉽게 말해 고객이 소비하는 금액이, 고객이 우리 기업과 함께한 시간이 길수록 줄어들 것이라 가정한다.

어쩌면 그 말은 사실일 수도 있다. 도표에서 보았듯이 소비 패턴은 고객 행동의 결과다. 우리 기업의 서비스가 지겨워졌거나, 혹은 아주 단순하게 우리가 파는 상품을 이미 충분히 구매했기 때문일 수도 있다. 따라서 고객이 된 기간에 따라 소비하는 금액이 줄어든다는 예측은 타당할지도 모른다.

현상을 찾아내서 이러한 관계가 어떤 식으로든 일반적이라고 믿는다면, 전략 워크숍을 개최해 대응 방안을 마련할 수 있다. 예를 들면 다음과 같다.

- 새로운 고객 확보를 우선순위에 두고 고객당 판매금액을 높인다.
- 상품 혁신에 착수해 장기 고객이 구매할 수 있게 다시 활력을 불어넣는다.
- 고객 생애주기 중 고객이 소비한 금액이 떨어지는 시점에 초점을 맞춰, 고객과 소통하며 소비 금액이 줄지 않도록 노력할 수 있다.

최적선의 대안, 군집

앞에서 말한 워크숍을 준비하려고 급히 떠나기 전에, 최적선이 사실과 다를 수도 있다는 점을 고려해야 한다. 우리가 그린 직선에 내재된 가정이 사실을 잡아내지 못할 수도 있다. 우리가 데이터 패턴을 보는 또 다른 이유는 전혀 다른 결론을 이끌어낼 수도 있기 때문이다. 예를 들어 동일한 데이터를 다르게 분석하는 방법을 〈거래

거래 기간별 주당 소비한 금액 3

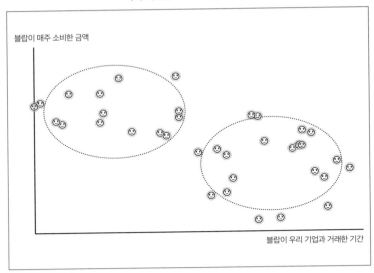

기간별 주당 소비한 금액 3〉 도표에서 알아보자.

도표를 보자. 점데이터에 추세선을 그리지 않고, 점데이터를 분류하여 타원을 그려 보면 전과 같은 방식으로 해석할 수가 없다. 그렇지 않은가? 아마 우리가 측정한 두 변수가 선형 관계를 맺는 대신 서로 다른 고객 유형 2개 집단이 차트에 나타난다. 한 세트(또는 군집)는 거래한 지 얼마 되지 않았지만 소비는 많이 하고, 다른 세트는 거래한 지 오래됐지만 소비는 적게 한다.

이렇게 뚜렷하게 다른 고객 유형이 2개로 나타나는 이유가 무엇인가? 아마도 사회가 변하고 세대가 교체되어서 고객이 상품을 이용하는 방식이 변해서일 것이다. 예를 들어 휴대전화 회사에서 고객의 나이에 따라 문자 메시지를 보내는 횟수를 도표에 표시한다고 해보자. 그렇다면 젊은 고객이 메시지를 더 자주 보내는 습관 때문에 이와 같은 변화가 생겼다고 볼 수 있다.

어쩌면 기업에 어떤 변화가 나타났을 수도 있다. 두 변수가 기존 관계에서 멀리 벗어나, 사실은 또 다른 변수와 연관이 생긴 건 아닐까? 혹은 판매 채널이나 광고 전략을 과거 어느 시점부터 바꿨다면, 장기 고객군이 아니라 다른 인구통계를 지닌 고객군이 유입되어 더 많은 돈을 썼을 수도 있다.

분석결과를 바탕으로 실제 의사결정을 할 때, 데이터 세트를 선형 관계로 보는 것보다 2개의 군집으로 나누어 보면 그 영향이 더 분명해진다. 각각의 고객 그룹이 서로서로 다르다고 군집 가설을 세운다. 이는 좀 더 최근에 유입된 고객도 기업과 거래한 기간이 길어질수록 소비 수준이 떨어진다는 가설을 세우지 않아도 된다는 뜻이다. 새로 유입된 고객이면서 더 많이 소비하는 고객은, 기업과 관계를 맺은 기간이 길어져도 높은 소비 수준을 유지한다는 가설을 세울 수 있다.

군집 가설에 의문이 생길 수 있다. 두 집단이 왜 다른가? 이 질문의 답을 찾으려면 기업 전략의 다른 측면을 살펴봐야 한다. 우리가 이렇게 다른 가설을 인정하면, 전략 워크숍을 진행할 때 서로 다른 질문에 초점을 맞춰서 각각 조처할 수 있다. 최적선의 관점에서 전략 워크숍을 진행하는 대신 말이다. 예를 우리는 다음과 같이 할 수 있다.

- 군집끼리 왜 다른지 이해하려고 분석을 더 많이 할 수 있다. 예를 들어 시간이 경과하면서 고객 모집 방식에 변화가 있었는지 분석할 수 있다.
- 다양한 판매 전략이 소비를 촉진하는지 시험할 수 있다. 이때는 항상 두 군집의 결과를 따로따로 분석해야 한다. 군집마다 다른 전략이 필요할지도 모른다는 사실을 인지하고 있어야 한다.
- 고객을 확보하고 유지하기 위해 투자 부문을 조정하는 것도 고려할 수 있다. 각 군집에서 알게 된 고객 정보에 기초해 조정할 수 있다.

이렇게 하면 마케팅 전략, 가격 전략, 상품 개발, 충성심 프로그램 모두 다른 방향으로 도출될지도 모른다. 데이터 사이를 관통하는 직선을 긋는 대신, 데이터를 보고 블랍 주변에 타원을 그리기로 선택했기 때문이다.

데이터를 이해하는 2가지 방식 중 우리 기업에 맞는 방법이 무엇인지 어떻게 파악할 수 있을까? 아주 단순하다. 여러 번 시험해보고 알아내야 한다. 좀 더 상세한 답변은 데이터 분석 기술 몇 가지를 4장에서 탐색하며 논의할 것이다.

또 다른 흐름, 차원

2차원 차트에서 블랍을 살펴봤는데, 이제는 '차원'에 대한 문제를 생각해봐야 한다. 2차원 차트를 분석할 때는 개별 블랍의 정보 2개를 고려했다. '우리 기업과 거래한 기간'과 '소비금액'이다. 고객층의 '모양'을 이해하는 훌륭한 방법은 2가지 정보를 선택해 그래프의 개별 차원으로 두는 것이다. 이때 X축은 얼마나 오랜 기간 우리와 거래한 고객인지 보여주고, Y축은 소비한 금액을 도표에 표시해준다.

그러나 개별 고객에 대한 점데이터 2개를 차원을 분리해 살펴보는 것이, 고객층을 시각화하는 데 딱히 유용하지는 않다. 물론 데이터를 분석하기 위해 우리가 할 수 있는 수학 연습 대부분이 그래프로 되어 있고, 데이터 세계(또는 수학자나 기하학자에게도)에서 그래프는 필수다. 앞에서 살펴본 최적선을 더한 그래프 같은 훌륭한 사례도 있다. 다른 정보 2개를 생각할 때, 그래프에 개별 블랍을 차원마다 표시하는 것은 꽤 도움이 된다. 90도 각도로 이루어진 차원은 이번 3장에서 다루는 그래프와 같다.

하지만 개별 블랍에 대한 세 번째 정보가 생기면 어떻게 해야 할까? 만약 우리 기업과 거래한 기간과 소비한 금액을 알면서, 오프라인 매장이 아니라 온라인 채널에서 발생한 금액 정보를 알고 있다면? 아마도 0%부터 100%까지, 온라인 채널에서 소비한 비중을 상상할 수 있을 것이다.

기존의 그래프에 세 번째 차원을 추가해도 여전히 우리가 그린 그래프처럼 시각화할 수 있다. 그 예가 다음에 나오는 3차원 그래프이다. 이 그래프에 표시된 정보를 보자. 차트를 살짝 돌려 다른 시각에서 보면 된다. 3차원 그래프에도 상관관계 선을 그리고, 고객 군집을 다르게 표시할 수 있다. 단지 2차원 그래프보다 약간 어려울 뿐이다.

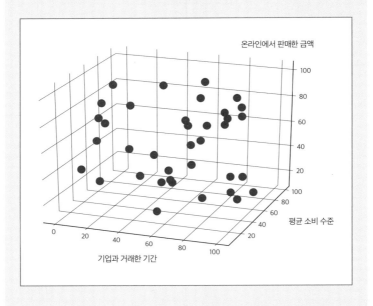

그래프를 보면 2차원 그래프만큼 각 유형의 데이터 수치가 개별 차원별로는 잘 보이지는 않아도 수학적으로 보인다. 우리가 이 책에서 살펴볼 데이터를 군집하고 분석하는 기술 대부분은 근본적으로 수학적 방식으로 똑똑하게 최적선과 같은 선을 찾거나 고객을 무리지어 깔끔한 원을 그리는 것이다. 실질적으로 우리는 공간에 수학적으로 데이터를 표시해 데이터 모양이나 패턴을 찾아야 한다.

그런데 여기에 네 번째 차원의 데이터가 생기면 어떻게 해야 할까? 다섯 번째는? 고객마다 다른 데이터가 100가지 나오면 어떻게 해야 할까?

다시 한번 말하지만, 나는 100가지 차원의 그래프를 시각적으로 보여줄 생각이 없다. 불가능한 일이기 때문이다. 또한 이러한 것을 시각화하는 것은 우리 능력 밖의 일이다. 하지만 여기 '마법'이 있다. 수학적 관점에서 이런 과제는 모든 분석 업무에 똑같이 존재한다. 컴퓨터는 상당히 수월하게 최적선을 조정하고 100가지 차원의 공간에서 점데이터 군집 주변에 구불구불한 선을 그린다. 컴퓨터도 결과를 그림으로 보여줄 수는 없지만, 조사 결과를 보고하고 어떤 군집을 찾았는지, 군집이 서로 어떻게 다른지, 군집을 어떻게 요약하고 설명하는 게 최선인지 확실하게 그 답을 알려줄 수는 있다.

정말 다행이지 않은가? 현실에서 우리에게 정말 필요한 일이다. 2종류의 데이터가 명쾌하게 합쳐져 고객층이 차트에 표시될 가능성은 아주 적다. 실제로 할 수 있는 한 개별 고객의 정보를 가능한 한 많이 고려하고 싶을 것이다. 얼마나 오랫동안 우리와 거래했는지, 무엇을 사는지, 결제 수단이 무엇인지, 어디에 사는지, 어떤 채널에서 구경하는지, 어떻게 유입된 고객인지 등 정보는 정말 많다. 데이터 과학은 분석이 필요하며 흔히 고객이나 점포, 또는 우리가 이해하고자 하는 바가 무엇이든 분석한다. 100가지, 심지어 1,000가지 차원의 데이터로 구성된 데이터 세트를 사용하면서 말이다.

1,000가지 차원이라니! 그렇다고 두려워하지 말자. 이 책에서 이제부터는 간단하게 2차원 그래프를 사용해 블랍 세트를 이해할 수 있게, 다른 유형의 분석 방법을 살펴볼 것이다. 모든 사례에서 살펴보는 분석 기술은 데이터 차원이 더 많아져도 같은 방식으로 정확하게 작동한다. 우리는 수학자가 되려는 것이 아니다. 그러니 걱정할 필요가 없다. 이러한 기술을 자사 혹은 자사의 비즈니스에 적용하려면 더 많은 정보가 필요하겠지만, 근본적인 접근 방식은 동일하게 유지할 것이다.

기업의 눈높이로

블랍에 대해 보유한 정보가 많으면, 경영자에게는 데이터 분석의 실질적인 목표가 중요하다. 그래프에 점을 찍고 선을 그리는 이 모든 행위로, 실제 무엇을 달성하고자 하는가?

다음에 나오는 4~5장의 주제가 바로 이것이다. 이제 기업 데이터를 이해하는 데 기본이 되는 2가지 접근 방식을 살펴볼 것이다. 각각의 방법은 현실 세계에서 엄청난 가치가 있다. 5장에서는 예측하는 과학을 살펴볼 예정이다. 기업이 새로운 상품을 출시하기 전에 누가 새로운 상품을 사는지, 어떤 고객이 우리 기업을 떠나 경쟁사로 갈 가능성이 높은지 예측하는 모형 설계 방법을 알아보자.

그 전에 우선 4장에서 덜 구조적인 데이터 분석 방식을 알아보겠다. 우리가 구축하려는 모형이 단지 한 가지만 추측하는 게 아니라면 어떻게 할까? 고객 모두가 동일한지, 또는 고객이 여러 그룹으로 나뉘어 모든 측면에서 다르게 행동하는지 알고 싶으면 어떻게 할까?

이러한 종류의 질문은 이미 3장을 시작하면서 살펴봤다. 바로 블랍 차트 위에 선이나 타원을 그리면서 말이다. 이 과정에 더 쉽게 알아볼 수 있는 이름을 붙이겠다. 바로 세분화segmentation다. 이제 세분화의 세계를 탐험해보자.

Chapter 4

모두가 똑같지는 않다

4장에서는 가장 오래되고 가장 친숙한 고객 분석 기술을 살펴볼 예정이다.
기업에 이 분석 기술이 유용한 시점과 이유에 대해 논의하고,
어떤 환경이 분석에 방해가 되고 시간과 돈이 낭비되는지 알아보자.

3장에서 블랍을 2개의 집단으로 효과적으로 나누기 위해 그래프에 타원 그리는 연습을 했다. 이 연습은 기업에 확실하지만, 애를 먹이는 방법이기도 하다. 고객층을 적은 수의 그룹으로 뚜렷하게 나눌 수 있는 경우가 실제로 있다면, 각 집단에 포함된 고객은 비슷한 특성을 보일 것이다. 아마도 기업의 사업을 이해할 수 있는 새로운 방법처럼 들릴 것이다.

고객층을 집단으로 나누는 것을 세분화^{segmentation}라고 한다. 세분화는 일리가 있다. 전문가가 아니라도 물건을 사는 사람들을 관찰하고 이해하면서 머릿속으로 세분화를 하는 일은 종종 있기 때문이다. 예를 들어 노트북을 파는 매장에 서 있다고 해보자. 관찰을 하다 보면 서로 다른 유형의 고객을 꽤 많이 볼 수 있을 것이다.

- 최신 기술에 능통한 젊은 게이머이다. 최신 그래픽 카드 스펙 정보를 완벽하게 꿰뚫고 있다.

- 노년의 인터넷 서핑족이다. 친구나 가족에게 이메일을 보내고 페이스북을 하고 싶지만, 컴퓨터와 컴퓨터 바이러스, 인터넷 사기를 상당히 두려워한다.

- 10대 자녀를 둔 부모로, 자녀를 위해 학교 과제용 노트북을 사려고 한다.

이 외에도 다양한 유형의 고객이 있다.

세그먼트의 특징

앞의 고객 3명이 각 집단, 즉 세그먼트segment를 대표한다는 가정은 직관적으로 만족스럽다. 이러한 가정이 의미하는 바를 생각해보자. 고객들은 각 세그먼트를 대표하기 때문에, 고객에 대한 몇 가지 사실을 믿어야 한다.

- 예시의 고객은 비슷한 니즈가 있고 고려사항이 비슷한 고객 집단을 대표한다. 각각의 고객이 속한 그룹은 일관적이며 사람들

이 무작위로 뒤죽박죽 섞여 있지 않다.

- 비슷한 고객들의 집단은 충분히 고려할 가치가 있을 만큼 상당히 중요하다. 마케팅 활동 시 대상으로 삼을 만큼 시장을 충분하게 대표한다.

- 집단의 구성원은 인식이 가능하다. 고객을 관찰하거나 사용 가능한 고객 데이터를 조사하면서, 자신 있게 고객을 해당 세그먼트에 배정할 수 있다.

- 집단은 뚜렷이 구별된다. 고객이 듣고 싶어 하는 메시지, 고객이 잘 반응하는 언어, 고객이 구매할 가능성이 있는 상품도 다 다르다. 즉, 고객이 기업에게 필요로 하는 내용이 다른 모든 사람과 충분히 달라서, 집단 단위로 고객 맞춤형 접근 방식을 갖출 가치가 있다.

- 집단에 접근이 가능하다. 마케팅 메시지를 그룹별로, 한 그룹에만 보낼 수 있어 맞춤형 의사소통이 가능해진다.

- 마지막으로 우리가 하고자 하는 행위가, 해당 그룹에 어떤 영향을 미치는지 측정이 가능하다.

만약 노년의 인터넷 서핑족으로 구성된 고객 집단이 세그먼트의 모든 기준을 충족한다고 확신할 수 있다고 해보자. 그렇다면 노년의 인터넷 서핑족이 본질적으로 고려할 가치가 있는, 기업 내 하나의 세그먼트를 대표할지도 모른다.

　노트북 구매자 대부분을 5~6개 정도의 적은 수의 세그먼트로 나눌 수 있고(앞의 3가지 사례에 몇 가지 사례를 추가하면 잘 측정할 수 있다), 이 집단이 앞의 기준을 충족한다고 하자. 그렇다면 판매량과 시장점유율, 반품률, 핵심성과지표^{KPI} 측정도 시작할 수 있다. 뚜렷한 차이를 보이는 마케팅 캠페인으로 개별 집단을 공략할 수 있고, 아마 집단별로 다른 상품을 매입하거나 편입할 수도 있다. 판매원이 각 세그먼트를 인식하고, 세그먼트별로 상품 설명을 다르게 할 수 있도록 교육하거나 동기부여도 할 수 있다.

　이 모든 것이 직감이 되어, 많은 기업의 고객층이 적은 수의 세그먼트로 구성되어 있다고 본능적으로 생각한다. 심지어 세그먼트를 구체적으로 측정하지 못하는 경우에도 말이다.

세그먼트가 항상 정답은 아니다

그러나 세분화는 까다로운 영역이다. 데이터팀이나 외부 컨설턴트에게 고객 세분화 모형을 구축하라고 독촉하기 전에 이러한 것을 염두에 둬야 한다. 자칫하면 세분화를 아무리 해봐야 분석에 방해가 되고, 최악의 경우에는 시간과 자원을 낭비하며, 판매가 줄고 마케팅에 쏟은 노력이 수포로 돌아가기도 한다.

어떻게 이렇게 되는 것일까?

세분화 모형을 설계할 때 빠지는 함정은 바로, 세그먼트가 의미 있다고 정의할 때 사용하는 '용어'에 있다. 용어 목록을 보고 그저 고개만 끄덕이며 건너뛰기 쉽다. 그러고 나서 세분화 모형으로 고객층을 깔끔하고 쉽게 나눌 수 있는지 확인하려고 실전으로 서둘러 뛰어든다. 성공적인 세그먼트를 정의하는 이 용어는 하나하나 전부 다 중요하다. 하지만 세분화가 실제로 이 조건을 충족할 가능성은 그리 높지 않다. 다음 사례연구에서 세분화를 잘 못한, 진짜 현실 사례를 살펴보자.

▶ 사례연구

내가 참여했던 영화관 업체의 사례다. 이 업체는 외부 컨설턴트를 고용하여 방문객 세분화 모형을 구축하기로 했다. 고객을 세그먼트로 분류해주는 프로그램에 고객 정보와 고객의 방문 정보를 모두 입력했다(얼마나 간단하게 세분화 프로그램이 작동하는지는 따로 알아보자).

역시나 일부 세그먼트는 이 과정을 통해 설명할 수 있었다. 세그먼트 간 뚜렷한 차이를 이끌어내는 과정에서, 세그먼트는 직관적으로 타당하다. 청년은 데이트를 하거나 회사 야유회 때 영화관을 방문하고, 장년은 아이를 데리고 다른 시간대에 다른 이유로 방문한다. 또한 고객이 관심을 보이는 상품 유형에도 뚜렷한 차이가 있다(왜냐하면 영화관도 하나의 기업이며, 영화 장르는 고객을 명확하게 구분해주는 기준이 된다. 이는 프랜차이즈 식당에서 주문한 음식이나 일반 소매기업에서 판매하는 상품에도 적용할 수 있다).

지금까지는 아주 좋다. 하지만 이와 같은 세분화 연습은 대부분 "그래서?"라는 질문에 답하는 데 실패했다. 지금까지 우리는 방문객 혹은 고객을 세그먼트 7개로 깔끔하게 나눴다. 이제 이 세그먼트 7개로 무엇을 해야 했을까? 마케팅 채널 중 가장 주목할 만한 이메일 채널을 고객이 속한 세그먼트에 맞출 수는 있었다. 하지만 소셜미디어나 언론 등 별도의 광고 수수료를 지급하는 다른 마케팅 채널을 해당 세그먼트에 맞출 수는 없었다. 이런 맥락에서 세분화 연습은 4장 초반에 정의한 '접근 가능성' 확보에 실패했다. 만약 개별 세그먼트별로 마케팅 메시지를 쉽게 구별해서 줄 수 없다면 세분화가 무슨 소용인가?

또 다른 측면에서 더 큰 문제도 드러났다. 우리가 사용하는 채널에서 훨씬 개인적인 수준으로 고객에게 접근할 수 있다면, 도대체 왜 스스로 세그먼트 7개를 한계로 정했을까?

어쩌면 인구통계 정보와 방문 기록을 보고 '공포영화와 스릴러 영화에 관심 있을 가능성이 높은 청년'이라고 이름표를 붙인 세그먼트에 당신을 배정했을지도 모른다. 왜 이런 식의 고정관념에 빠질까? 최신 분석 결과에 따라 이메일을 보낼 때는 고객이 이전에 본 실제 영화 목록을 근거로 하지, 고객이 속한 세그먼트가 포괄적으로 관심을 보이는 영화에 근거하지 않았다.

고객인 당신은 공포 영화를 많이 봤을 수도 있지만, 어쩌면 뮤지컬 코미디에도 관심이 있을 수 있다. 하지만 '공포 영화도 보면서 뮤지컬 코미디 영화도 관심이 있는' 그런 조합은 절대로, 본질적으로 세그먼트가 될 수 없다. 그래서 과거의 방문 정보를 구체적으로 관찰해도, 세분화 절차에 의해 결국 평균이 될 가능성이 높다(또한 평균이 어떠한지 우리는 이미 알고 있지 않은가).

중간에 낀 경우: 변별성과 중요성

앞의 사례연구는 세분화 접근 방식에서 드러나는 공통적인 약점을 보여준다. 세분화가 성공하는 기준으로 한쪽에서는 변별성, 또 다른 한쪽에서는 중요성이 팽팽히 맞서고 있다. 더 정교한 세그먼트를 뽑아낼수록 더 흥미로운 뉘앙스를 잡아낼 수 있다. 공포 영화와 음악 영화 둘 다 관심이 있는 고객을 한 세그먼트로 두는 것처럼 말이다. 하지만 세그먼트가 많아지면 결국 위험한 곡예를 하게 될 것이다. 반대로 적은 수의 세그먼트로 스스로 한계에 가두면, 매우 일반적인 결과를 내고 세부사항을 많이 놓칠 수 있다.

당신이 세분화로 무엇을 할 수 있는지 생각할 때, 변별성과 중요성은 실제로 팽팽하게 맞선다. 고객 데이터를 이해하면 고객층과 의사소통할 때 그 장점이 많이 드러난다. 자사와 관련 있는 메시지에 긍정적으로 응답할 가능성이 더 높다. 그러나 소통 채널 대부분은 2가지 유형으로 나뉘는 경향이 있다.

- 직접적이고 아주 개인적인 소통 채널이다. 이메일, 아웃바운드, 애플리케이션 알람처럼 메시지를 개인에게 바로 맞출 수 있다.
- 더 광범위한 채널도 있다. 광고, 소셜미디어 게시글, 매장 인테리어와 판매 장소는 수없이 많은 고객에게 메시지를 전달한다.

그래서 기술이 진화할수록 세분화의 위험성은 이러한 극단적인 마케팅 채널 사이에 낀 채로 남아 있다. 예를 들면 다음과 같은 위험이 있다. 이메일 채널에서 보낸 메시지가 최대 이익을 낼만큼 충분히 개인적이지 않고, 더 광범위한 마케팅 채널에서 보낸 세그먼트 메시지는 알맞은 청자에게 실제로 전달되지 못한다.

우리는 다음 장에서 데이터 과학자가 갖고 있는 진일보한 능력 중 하나를 살펴볼 것이다. 최근 몇 십 년간 고객 데이터를 이해하기 위해 데이터 과학자는, 더 커다란 컴퓨터와 더 정교한 모형을 사용해 마케팅 메시지를 개별 고객, 하나의 세그먼트에 딱 맞춰 보낼 수 있었다. 그런 면에서 5개 또는 6개의 총괄적인 세그먼트를 나누는 전통적인 세분화 연습은 구식처럼 보일 것이다. 이는 마케팅 채널을 세그먼트에 더 이상 정교하게 맞추기가 불가능했던 시절과 비슷하다.

세분화, 어떻게 작동할까?

세분화는 **비지도 방식 분석**의 한 예다. 목표하는 결과를 특정하지 않고 그저 패턴을 찾는 것이다. 어떻게 이런 방식이 가능할까? 모든 분석은 구체적인 질문에 대한 답을 분명히 찾는 일이 아니던가?

데이터 패턴을 파악하고 데이터를 그룹으로 분류하는 작업 자체가 데이터 과학자들이 사랑하는 도구, 바로 알고리즘을 사용하는 것이다. 알고리즘은 컴퓨터가 종료 지점에 도달할 때까지 일련의 지시를 따를 수 있다. 데이터를 분류하고 그룹화하는 작업은 알고리즘이 좋아하는 작업으로, 정확히 말하면 일종의 노동이다.

이전 장에서 봤던 블랍 데이터 세트, '블랍이 매주 소비한 금액'과 '블랍이 기업과 거래한 기간' 사이의 관계를 다시 살펴보자. 이 블랍 데이터에 2개의 타원을 그려서 나누면, 지금 우리가 군집으로 인지하는 집단이 된다. 솔직히 말해 나는 손으로 그럭저럭 타원을 그렸지만, 여기에는 매우 유명한 데이터 분석 알고리즘이 존재한다. 분석 작업에 사용할 이 알고리즘은 **K-평균 군집 분석**이라는 멋진 이름이 있다. 이 과정을 다음 그림에서 볼 수 있다.

1단계: '군집 중심' 2개를 무작위로 뽑아라.

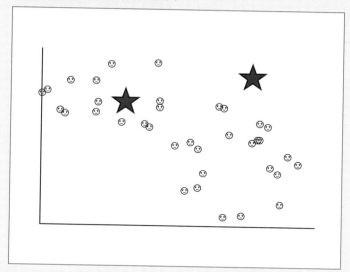

2단계: 군집 중심과 가장 가까운 블랍끼리 집단으로 나누어라.

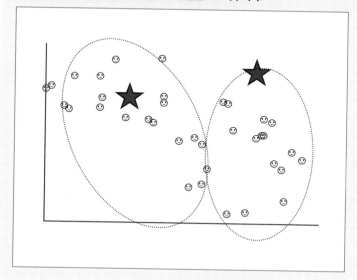

3단계: 2개로 나눈 집단에서 각각 한가운데를 새로운 군집 중심으로 뽑아라.

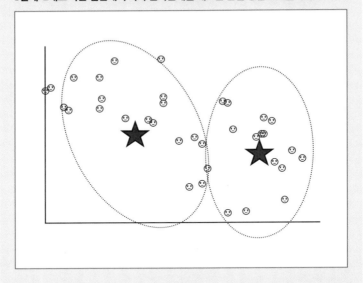

4단계: 2단계와 3단계를 반복하라. 블랍을 할당하고 군집 중심을 움직이면서 군집이 변동하지 않을 때까지 반복하라. 결과적으로 2개의 군집이 생긴다!

　필수적으로 군집 2개(또는 타원 2개)를 얻기 위해, 우리는 알고리즘에 따라 시작점 2개를 완벽히 임의로 선택해 군집 중심으로 삼는다. 그런 다음 군집 중심과 가장 가까운 블랍끼리 각각 2개의 군집으로 나눈다. 그다음 다시 새로 만든 두 타원의 중심으로 군집 중심을 재정립하는 단계다. 또 그다음엔 이러한 과정을 반복한다. 가장 가까이 있는 군집 중심으로 블랍을 나누고, 계속해서 새로운 군집 중심을 찾고 또 나누는 것이다.

　단계별로 봤을 때 그 효과는 중력과 약간 비슷하다. 실제로 블랍을 두 부분으로 뚜렷이 나눌 때 군집 중심을 각 부분의 대략적인 한가운데로 이동하면, 짜잔! 이제 우리는 세분화를 마친 것이다.

앞에서 최적선을 그린 것처럼, 컴퓨터는 점데이터가 수백만 개여도 괘념치 않는다. 우리가 이 책에서 예시로 사용한 2차원 정보보다 훨씬 많은 차원의 정보도 다룰 수 있다. 그래서 고객 집단의 수가 많고 개별 고객에 대한 점데이터 세트가 대량이어도, 여전히 비교적 간단하게 컴퓨터에게 지시할 수 있다. 찾을 수 있는 최선의 세그먼트 2개로 데이터 세트를 나눠달라고 말이다. 각 군집의 위치를 조사하면서, 우리는 군집을 설명하기 위해 작업 순서를 거슬러 올라갈 수도 있다. 이런 경우 하나의 군집은 우리 기업과 거래한 지 더 오래됐지만 소비는 덜하고, 다른 군집은 거래한 기간은 짧지만 소비는 더 많이 한다. 이때 컴퓨터에 블랍의 인구통계 정보나 나이 정보를 입력한다면, 군집을 설명할 때 중요한 역할을 할 수도 있다.

앞에서 현재의 세분화 기술을 보여주려고 불가피하게 그 과정을 단순하게 서술했지만, 실제로 주의해야 할 몇 가지 사항이 있다. 구체적으로 다음과 같다.

- 알고리즘을 적용할 때마다 100% 작동하지는 않는다. 시작점 2개를 임의로 선택했을 때 작동하지 않을 수도 있다. 그러므로 여러 번 시도해야 한다.
- 세분화 과정에서는 당신이 요구한 세그먼트 개수만큼만 알 수 있다. 이번 사례에서는 2개였다. 세그먼트의 수를 달리해서 세분화 과정을 여러 번 시도해봐야 한다.

- '최선의 결과'는 조금 주관적이다. 세그먼트가 서로 얼마나 뚜렷한 차이를 보이는지 수학적으로 설명할 수 있다. 하지만 현실에서는 이 연습을 통해, 세그먼트의 적정 개수로 각 세그먼트가 당신의 팀에 맞게 정의되었는지 판단할 수 있다. 이는 과학이면서 동시에 예술이다.
- 마지막으로 세분화 과정은 세그먼트에 의미가 있는지 없는지 알려줄 것이다. 세분화 결과가 흥미로우면서도 실행 가능한지 주의를 기울여 확인하자.

비지도 방식으로 분류하고 배정하는 유사한 알고리즘은 무수히 많다. 하지만 K-평균 군집 분석은 유용하고 간단하며 일반적인 접근 방식이다.

당신은 고객에 대해 무엇을 아는가?

세분화에는 두 번째 함정이 있다. 일단 고객을 세그먼트로 나누려고 할 때, 제일 먼저 고객에 대해 어떤 정보를 아는지가 가장 중요하다. 일반적으로 기업이 가지고 있는 고객 정보는 다음과 같다.

- 개별 고객 구매 이력으로 무엇을, 언제, 어디서 샀는가.
- 고객을 설명하는 정보 몇 가지로 어디에 살고, 사용한 결제 수단은 무엇인지 등이다.

기업에는 인구통계 정보도 어느 정도 있을 수 있다. 고객이 얼마나 부유한지, 얼마나 자주 해외여행을 다니는지, 집은 자가인지 임대인지 같은 상당히 복잡한 정보 말이다. 더군다나 이제는 그런 정보를 직접적으로 알기가 힘들어졌다. 대신 대부분 국가에는 기업이 고객에 대해 알고 있는 것을 바탕으로, 인구통계학적 변수에 대한 추정치를 제공할 수 있는 데이터 제공자들이 있다.

예를 들어 영국에서는 고객의 우편번호를 토대로 인구통계학적 추정치를 제공하는 유료 서비스가 있다. 사는 지역으로 당신에 대해 많이 알 수 있는 것처럼 말이다. 우편번호가 있으면 몇 개의 집으로 주소를 좁힐 수도 있고, 유용하지만 100% 믿을 수는 없는 고객 정보도 많이 추정할 수 있다. 이런 추정치(예를 들어 소득 수준)가 더 포괄적일수록, 어쩌면 더 정확할 수도 있다.

그러나 이 모든 구매 정보를 완벽하고 정확하게 추정한다 할지라도, 고객 전체의 그림과는 동떨어져 있다. 예를 들어 두 사람이 서로 옆집에 살고, 살고 있는 집의 가치가 비슷하다. 자산 수준도 비슷하며, 다른 재무적 특징도 비슷하다. 그런데 한 명은 이종 종합

격투기 대회^{UFC}를 좋아하고, 다른 한 명은 정기적으로 발레 공연을 보러 간다. 두 사람이 여러 부분에서 서로 다른 관점을 가졌다고 봐도 무리가 아니다. 그럼에도 둘을 주소가 비슷하다는 이유로 같은 세그먼트에 배정했다면, 매우 기계적인 것이다.

▶ 사례연구

이번에는 내가 참여했던 구독 경제 업체의 사례다. 이 기업은 어설프게 수집한 인구통계 정보를 어떻게 뛰어넘을 수 있는지 훌륭한 아이디어를 제시했다. 아주 많은 고객을 대상으로 설문조사를 해서 실제로 고객의 태도와 관심사를 세부적으로 파악한다면, 더 나은 세분화 모형을 구축할 수 있을 것이라고 확신에 차서 추론했다. 물론 이 추론은 옳았다.

빗발치는 성명서에 대한 고객의 태도, 경제와 정치에 대한 의견, 저축 대 소비의 장점에 대한 관점, 최첨단 기술을 대하는 태도, 그외에 많은 것들이 고객을 그룹으로 나누는 데 도움이 된다. 세분화 모형에 이 정보를 모두 넣어서 주관적으로 더 나은, 더 유용한 세그먼트를 도출했다.

문제는 없을까? 그다음에 할 일은? 생성된 세그먼트는 강력했지만 모든 고객에게서 이렇게 세부적인 정보를 알아내지 못하면, 고객을 어떤 세그먼트에 배정해야 하는지 어떻게 결정할 수 있을까? 우리는 일부 고객을 설문조사해서 세그먼트를 생성했다. 하지만 데이터베이스에 있는 고객 수백만 명을 대상으로 설문조사를 하는 것은 엄청난 작업이었다. 본래 세분화 기준으로 돌아가 이 방법을 살펴보면 인식 가능성에 문제가 있다. 세그먼트는 훌륭하지만 동시에 불가능했다. 개별 고객을 세그먼트에 각각 배정하는 일의 비용은 감당할 수 없이 비쌌다.

이 상황에서 해결책은 모순적이게도 개별 세그먼트를 작성할 때 인구통계 정보를 토대로, 우리가 정말 알고 사용하는 정보를 활용해 고객을 배정하는 것이었다. 고객을 세그먼트로 배정하는 것이 느리고 방법 또한 투박해서, 결국은 제일 처음 수집한 인구통계 정보로 더 나은 세분화 모형을 구축했다.

오늘날의 세분화 가치

지금까지 직관적으로 고객이 지닌 공통된 특징으로 고객을 나누는 방법이 이치에 맞게 할 수 있는 일처럼 느껴진다는 결론을 내렸다. 또한 이는 우리 모두가 본능적으로 하는 일이기도 하다. 그러나 실제로 이 방법이 의미 있는 결과를 도출하고 수익으로 이어지는 것은 어려울 수 있다.

그럼 앞에서부터 했던 모든 연습은 시간 낭비일까? 개별 고객마다 맞춤형 이메일을 보내기가 불가능하던 시절의 분석 방법과 세분화가 동일한 것일까? 사실, 어느 정도는 그렇다. 그럼에도 고객 데이터로 세분화 연습을 해야 할 이유는 여전히 충분하다. 구체적으로 다음과 같다.

- 전략 수립 단계에서 유용한 방법이 될 수 있다. 기업에서 물건을 사는 고객 유형별로 밑그림을 다르게 그려보는 것이다. 특히 이 밑그림을 수량으로 나타낼 수 있을 때, 각 세그먼트 범위에 대한 감을 얻을 수 있다. 예를 들어 노년의 인터넷 서핑족 세그먼트가 중요하지만 수익 중 15%라는 사실을 알았다. 그렇다면 매장에서 만나거나 관찰한 고객의 일화로 인해 전략 수립이 탈선하는 것을 막을 수 있다.
- 운영 차원에서도 세분화 과정이 도움이 된다. 물론 현장의 근무자들은 이미 고객을 잘 알고 있다. 하지만 다른 그룹의 필요와 욕구에 대한 토론은 고객을 가장 잘 다루는 방법을 논의하는 길을 열어준다. 또한 이를 통해 훌륭한 훈련 프로그램을 추진할 수도 있다.
- 같은 논리로 핵심 세그먼트를 이해하면 상품 개발과 서비스 혁신도 강하게 추진할 수 있다.

- 궁극적으로 세분화를 적절하게 하게 되면, 세분화 비용은 상대적으로 저렴해진다. 그러면 세그먼트를 생성하는 데 시간이 오래 걸릴 필요도 없다.

마케팅 커뮤니케이션 관점에서 세분화 연습은 더 이상 유용하지 않다. 그렇더라도 기업의 생각이나 다른 소외된 부분을 발전시키는 데는 유용한 요소가 될 수 있다. 가능한 한 해당 세그먼트를 보고에 포함시켜, 고객이 서로 어떻게 다른지 앞에서 관찰할 수 있을 것이다. 뿐만 아니라 다른 세그먼트가 다른 시장 움직임이나 전략적 행동에 어떻게 반응하는지 추적하는 것도 가능하다.

세분화를 비지도 방식의 데이터 분석 연습이라고 설명했다. 이는 우리가 구체적인 분석 목표 없이 분석을 시작했음을 의미한다. 누가 특정 상품을 사는지, 누가 우리 기업 전체를 외면할 가능성이 높은지 예측하려 애쓰지 않았다. 단지 데이터에 어떤 광범위한 패턴이 있는지, 그 패턴이 흥미로운지 검토했다.

고객 중심 사례에서 벗어나 다른 분야에서는 이런 종류의 비지도 방식이 유용할 수도 있다. 소매업체는 고객의 장바구니를 분석해 고객이 함께 구매하는 상품군을 대략적으로 짚어낼 수도 있다. 실제로 온라인 쇼핑에서 '다른 추천 상품'을 보면, 이런 사례 분석을 정기적으로 하게 될 것이다. 그 유명한 넷플릭스도 이렇게 한다.

당신이 이미 시청한 텔레비전 프로그램을 토대로 추천한다.

이것은 협업 필터링^{collaborative filtering}이라고 하는, 비지도 방식 분석 기술의 일종이다. 상품 순위와 고객 구매 행동을 고려해, 당신이 높게 평가한 상품 중에서 다른 고객도 좋아하는 상품을 뽑는 것이다.

여러 지역에 분산된 기업의 경우, 이런 종류의 군집 분석 또는 세분화 분석을 점포나 아울렛에 적용할 수 있다. 파는 상품이나 성과 측정법에 따라 점포나 아울렛을 다양한 유형으로 나눌 수도 있다. 〈파트 2〉에서 이런 종류의 세분화 연습을 할 수 있는 훌륭한 사례들을 다룰 예정이다. 미래 트렌드를 파악하고 점포 자산을 최대한 활용하기 위해 소매업체가 보유한 데이터를 어떻게 활용해왔는지 살펴볼 것이다.

4장의 마무리

우리가 살펴본 거의 모든 사례에서, 비지도 방식 기술을 다룰 때 그 자체로 장점이 있음을 알게 됐다. 비지도 방식 기술은 엄청 큰 데이터 세트를 나누고, 기업 곳곳에서 생산성 있는 논의를 시작하는 아주 좋은 방법이다.

그러나 더 구체적인 문제를 풀 때 비지도 방식 기술만 사용할 필요는 없다. 예를 들어 어떤 고객이 신상품을 사거나 내년 멤버십을 취소할 가능성이 높은지 알고 싶다고 하자. 그렇다면 고객층을 일반적으로 설명하는 것이 아니라, 구체적 질문에 대답하는 데 초점을 맞춘 분석 기술이 필요하다.

이때 필요한 분석 기술이 지도 방식 모형supervised models이다. 다음 장에서는 지도 방식 모형을 따라 매력적인 예술, 예측 과학의 세계로 떠나보자.

미래를 예측하는 과학

5장에서는 세분화 같은 비지도 방식에서 벗어나 방향이 제시된,
목적이 명확한 모형을 설계하여 미래를 예측해보자.

세분화가 고객층(또는 점포, 상품, 기업의 다른 부문)을 묘사하는 기술이라면, 그다음 단계는 데이터를 사용해서 예측하는 것이다. 왜냐하면 예측 결과에 따라 기업은 수익성이나 다른 핵심성과지표를 향상시키기 위해, 기업 전반에 실제로 업무를 수행하고자 하기 때문이다.

우리는 어떤 것을 예측하려 하는가? 어쩌면 그 목록은 끝이 없을지도 모른다. 하지만 시작할 때 유용한 질문 목록은 있다.

- 어떤 상품에 특정 고객이 다음에도 흥미를 보일 가능성이 높을까? → 다음 구매를 위한 논리적인 상품 추천 모형은?
- 어떤 고객이 경쟁사로 떠나갈 가능성이 높은가? → 우리가 구독 기반 사업자라면 어떤 고객이 멤버십을 해지할 가능성이 높은가?

- 어떤 점포가, 어떤 판매 사원이 다른 점포, 다른 동료와 비교할 때 더 높은 혹은 더 낮은 성과를 달성할까?
- 특정 상품의 가격이 인상되거나 동일할 때 고객은 어떻게 반응할까?
- 잘 조합해서 팔 구체적인 상품이 있는가? 그렇다면 묶음 상품을 개발해야 할까?
- 상환조건을 두면 고객이 잘 납부할까? 반대로 부실채무 위험을 일으킬까?

이런 개별 사례는 훨씬 더 많다. 기업에 무슨 일이 일어나는지 제대로 이해하면, 아마 다음에 일어날 일에 대해서도 어떤 관점을 형성할 수 있다. 철학자들은 이것을 귀납적 추리라고 부른다. 세상을 관찰하고 일련의 정보를 취하여 결론을 내리는 경우, 그 결론이 사실이라고 보장하지는 못한다. 하지만 어쩌면 사실일 수도 있다.

예를 들면 사람들이 특정 디자인의 신발을 신어보고서 결국 구매하는 비중이 아주 높다는 사실을 발견해도, 다음 사람이 그 신발을 신어보고 구매할 것이라 수학적으로 확신할 수 없다. 차라리 이런 결론을 내리는 게 편할지도 모른다. 판매하기에 좋은, 많은 사람들의 이목을 끌 수 있는 상품이라고 말이다.

예측 과학은 데이터 과학자에게도 힘든 분야이고, 진정으로 데이터 중심 기업이 되려는 기업에게는 엄청난 주제다. 미래를 예측하려고 데이터에 적용하는 일련의 기술은 다음에 설명하는 공통적인 접근 방식을 따른다.

- 미래 예측 기술은 예를 들어 고객이 부실 채무자가 될 위험이 있는지 예측하는 데 관심이 있다.
- 미래 예측 기술은 부실 채무자가 될 만한 행동을 보여줬던 고객의 역사적 데이터를 많이 수집하고, 이전의 고객들이 부실 채무자가 됐는지 확인한다. 더불어 그 고객의 추가적인 정보도 수집한다.
- 미래 예측 기술은 모형을 구축하려는 정보와 다른 변수 사이의 관계에 대한 가설을 세운다. 예를 들면 고객의 부실 채무 가능성이 고객의 거주지나 거래 기간, 또는 결제 수단과 관련이 있을지도 모른다는 가설 말이다.
- 데이터를 전부 수집하면 결과에도 영향을 줄 수 있다. 미래 예측 기술이 생성한 모형은 역사적 데이터와 역사적 결과를 가능한 한 밀접하게 연결하려고 노력한다. 이 과정에서 머신러닝 기술이 도입된다. 컴퓨터가 모형을 선택하고 변수를 달리하며 역사적 데이터베이스를 토대로 한 예측이, 역사적 결과와 맞아 떨어질 때까지 반복한다. 마치 우리가 앞서 살펴본 최적선을 그리

는 방법과 비슷하다.

- 그러고 나면, 이것이 바로 예측 모형^{prediction model}이다.

결과물인 예측 모형은 고객(또는 점포나 상품 등)에 대해 우리가 진정 알고 있는 다른 데이터에 기초해, 우리가 알지 못하는 정보를 예상하여 제시한다.

예측 활동: 부실 채무 모형

부실 채무 모형의 사례를 들어보자. 부실 채무 모형은 앞에서 설명했듯이 실질적이지만 꽤 간단한 모형 구축 기술을 사용한다. 나무 모형^{tree model}을 구축해보자.

우선 블랍의 역사적 표본을 수집한다. 일부는 부실 채무자가 된 반면, 나머지는 성실하게 상환했다. 처음에는 블랍이 모두 함께 뒤섞여 한 방에 모여 있다고 가정해보자. 표면적으로 블랍을 분리해서 말하기가 어렵다. 무작위로 블랍을 하나 선택했다면 그 블랍이 부실 채무자인지 아닌지 전혀 알 수가 없을 것이다. 궁극적으로 선택한 표본에 부실 채무자 5명과 성실 상환자 5명이 포함되어 있으면 무작위로 부실 채무자를 뽑을 확률은 반반이다(물론 10명보다 훨씬 많은 표본을 선택하기를 권한다. 지금은 간단하게 하려는 것뿐임을 잊지 말아야 한다).

확률을 어떻게 높일 수 있을까? 자, 우리가 블랍에 대한 다른 데이터가 있을 때, 각각의 변수는 유용한 단서로서 쓸모가 있을지도 모른다. 이런 단서를 발견하는 하나의 방법은 블랍에 대해 알고 있는 정보 중 하나를 사용해, 블랍을 두 집단으로 나누는 것이다. 예를 들면 블랍의 나이를 안다면 블랍을 두 집단으로 나눌 수 있다. 한 집단에는 50세 이상의 모든 블랍을, 또 다른 집단에는 50세 미만의 블랍을 배정한다. 이를 시각화하기 위해 나이가 많은 블랍을 모두 한쪽 방으로 이동시키고, 젊은 블랍을 모두 다른 쪽 방으로 이동시키자.

1단계: '좋은' 블랍과 '나쁜' 블랍이 한 방에 섞여 있다.

2단계: 블랍을 나이를 기준으로 두 방으로 나눈다. 데이터를 조금 '체계화'한 것처럼 보인다.

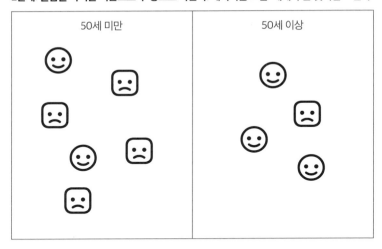

3단계: 두 집단의 블랍을 또 다른 변수(도시 거주 여부)로 나누어, 좋은 블랍과 나쁜 블랍으로 데이터를 더욱 체계화한다.

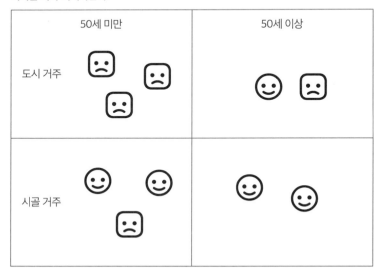

무작위로 블랍을 선택할 때 무슨 일이 일어나는가? 이는 우리가 어떤 방에 있는지에 따라 다르고, 부실 채무자의 나이가 많은 쪽 또는 적은 쪽으로 얼마나 치우쳐 있는지에 따라 다르다.

도표에서 부실 채무자 대부분이 젊은 집단에 있다고 드러났다. 블랍 중 6명이 50세 미만이고, 그중 4명이 부실 채무자였다. 따라서 당신이 방에 들어가 무작위로 한 명을 선택하면 3분의 2 확률로, 다시 말해 6분의 4 확률로 부실 채무자를 뽑을 가능성이 있다. 우리가 블랍을 나누기 전 확률인 50:50보다 낫다. 반대로 나이가 많은 방에 들어가면 4명 중 1명만이 부실 채무자이므로, 채무자 한 명을 뽑을 가능성은 상대적으로 적다.

블랍을 나이에 따라 두 집단으로 나누니 데이터를 좀 더 체계적으로 만든 것처럼 보인다. 부실 채무자와 성실 상환자가 모두 섞여 있는 대신, 또 다른 변수에 기초해 완전하지는 않지만 부실 상환자와 성실 상환자를 거의 나눴다. 데이터 과학자의 표현대로, 우리는 정보 이득$^{information\ gain}$을 얻었다. 즉 데이터의 임의성이 줄고, 체계성이 늘어났다는 뜻이다.

물론 이 사례처럼 적용되지 않을 수도 있다. 부실 채무자가 나이대마다 꽤 고르게 분포할지도 모르고, 두 집단으로 나누는 게 그리 효과적이지 않을 수도 있다. 사실 우리가 두 집단으로 나눌 때 다른 변수를 사용하면, 얻는 정보 이득량도 모두 다를 것이다. 이는 우리가 모형을 어떻게 설계할지에 대한 단서가 된다.

나무 알고리즘 활동

나무 알고리즘은 블랍에 대해 알고 있는 모든 변수를 점검하고, 정보 이득량이 가장 많은 변수 하나를 사용해 블랍을 집단으로 나눈다. 즉 정보 이득량이 가장 많다는 의미는 한 방에는 부실 채무자를, 다른 한 방에는 성실 상환자를 어떤 변수로 거의 완벽하게 모두 나눴다는 뜻이다.

이렇게 두 집단으로 나눈 다음, 다른 변수를 살펴보고 알고리즘을 개선하기 위해 이 중에서 어떤 변수를 사용해 하위 집단으로 계속해서 나눌 수 있는지 검토한다. 이 과정을 반복하다 보면 마침내 일련의 집단 나누기가 끝난다. 나무를 거꾸로 세워놓은 모양이 마치 기업 중심적인 우리 시각으로는 조직도처럼 보인다. 이 나무는 처음에 다 섞여 있던 데이터를 더 작은 상자로 가장 최적의 상태로, 체계적으로 나눈다.

나무 하단은 부실 채무자를 인지하려고 최선을 다해 집단을 나눈 결과이다. 간단하게 나누어진 상자를 읽어 내려가면서 부실 채무자가 될 확률이 정말 높은 집단을 설명할 수 있을 것이다. 예를 들면 '부실 채무자는 50세 미만 고객으로 도시에 살고 집을 소유하고 있지 않다'고 설명할 수 있다. 현재 기준으로는 깔끔한 설명이다. 하지만 이런 고객을 정의하는 데 그치지 않고, 부실 채무자가 될 고객을 인지하는 규칙을 정할 수도 있을 것이다. 규칙을 정하는 것은 정확히는 광범위한 모델링 연습의 결과로, 이 장의 앞부분에서 설명했다. 우리는 고객에 대해 아는 것을 토대로 모르는 것을 예측하고, 고객의 역사적 데이터를 이용해 모델을 구축했다.

완성된 나무 모형

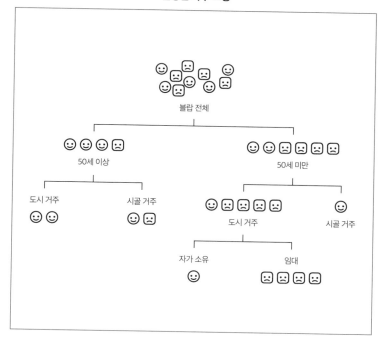

잘 알겠지만 앞에 나온 도표의 모형보다 전체 과정은 조금 더 복잡하다. 지금 읽는 5장에서는 이러한 복잡함이 기업에 시사하는 바를 살펴보겠다. 이것은 기본적인 수준에서 데이터 과학자가 구축할지도 모를 모형의 종류를 생각하는 방법이기도 하다.

예측은 예술이면서 과학이다

한 가지 주의할 점이 있다. 이 과정에서 아마도 당신은 예상했던 것보다 더 많이 판단하고, 시행착오를 겪을 것이다. 예로 든 부실 채무자 예측 모형을 구축하기 위해, 우리는 채무를 이행하지 못한 고객과 이행한 고객의 역사적 데이터를 수집해야 한다. 얼마나 데이터를 수집해야 하는지, 관련된 점데이터를 몇 개나 모을 수 있는지 판단할 때, 기업에 대한 자세한 정보와 어떤 정보가 중요성이 높을지 판단할 수 있는 경험이 필요하다.

부실 채무자 행동을 예측하기 위해 이와 관련이 있을지도 모르는 어떤 점데이터를 선택하는 것은, 확실히 개인적 판단에 따른 결정이다. 첫 번째, 나이로 나눈 결과를 살펴보자. 우리는 50세 기준으로 고객을 나누지 말아야 했다. 40세나 60세 또는 다른 나이로 나눴다면 다른 결과를 얻을 수 있었다. 또한 나이로 나눌 때 집단 2

개가 아니라, 30세 미만 고객과 30세부터 50세 미만 고객, 50세 이상 고객으로도 나눌 수 있었다. 각각의 선택에 따라 나무 모형은 다른 특징을 보일 것이다. 그래서 좋은 조건을 찾기 위해 집단을 다르게 나눠 시험해보는 연습이 필요하다.

데이터 과학자는 또 다른 난관에 부딪힌다. 실제 모형에는 개별 고객에 대해 100개가 넘는 변수가 있을지도 모르는데, 대부분 변수가 서로 상관관계가 있기 때문이다. 변수를 분류하고 모형에 포함할 최적의 변수들을 추리는 작업 자체가 기술적으로 복잡한 과제다.

3장으로 돌아가보자. 현실에서 분석 실습을 할 때 종종 각 점데이터에 수백 개의 차원이 따르는, 차원의 문제를 살펴보았다. 위로가 되는 건 데이터 과학의 수학, 전산 기술이 무수한 차원을 잘 다룰 수 있다고 결론을 내린 것이다. 하지만 몇 가지 차원이 서로 밀접한 상관관계를 보이는 경우는 다루기가 훨씬 어렵다. 지금 살펴보는 모델링 기법처럼 결과를 한쪽으로 치우쳐 내는 경우라면 말이다. 이와 같이 수많은 데이터 과학 프로젝트에는 중요한 단계가 있다. 데이터를 적절하게 이해하고 내부 상관관계를 찾아 서로 적절하게 구별되는 차원만을 선택해야 한다.

이러한 이유로 예측 모형 구축은 버튼을 누르는 것처럼 간단하지 않다. 효과적인 모형이 될 수도, 덜 효과적인 모형이 될 수도 있다. 최적의 환경에 도달하기 위해 몇 번이나 시행착오를 거칠지도 모른다.

모형의 유형

이 책에서 복잡한 컴퓨터 모형을 구축하는 방법을 다루지 않는다. 그래도 예측 모형을 구축할 때 일반적인 접근 방법을 갖추고, 구축할 모형의 종류에 대해 조금이라도 아는 것이 유용하다.

물론 알맞은 모형은 우리가 답하고자 하는 기업의 질문에 따라 다르고, 또한 질문은 다른 '취향'에서 나온다. 다른 유형의 모형을 구분하려면 모형이 도출한 결론을 보는 것도 한 가지 방법이다.

분류 모형 Classification: 고객, 상품, 점포 등 분석하고자 하는 대상을 별개의 카테고리로 나눈다. 이 장에서 살펴본 부실 채무 예시가 분류 모형에 적합하다. 부도날 확률을 일컫는 상자와 부도나지 않을 확률을 일컫는 상자가 있다. 모형은 개별 고객을 우리가 아는 모든 정보에 기초해 각각 상자 2개에 배정하는 것을 목표로 한다. 앞서 보았듯이 부도난 고객(또는 부도나지 않은 고객)에 대한 역사적 데이터를 살펴보며 상자를 2개로 나눈다. 고객에 대해 아는 사실 중 어떤 정보가 채무 불이행 행동과 관련이 있는지 알아보면서 말이다.

회귀 모형 Regression models: 확률을 다룬다. 고객을 상자에 간단하게 배정하지 않는다. 고객이 마케팅 메시지에 반응하여 특정 상품을 살 확률을 물어볼 수 있는데, 이때 0%에서 100% 사이 어딘가에 있을 답을 구하고 싶다. 이 경우에도 역사적 데이터에 기초하여 모형을 구축한다. 우리가 찾는 결과 값은 백분위로 표시되지만, 이것이 하나의 상자에 속할 자격을 의미하지는 않는다.

'지도 방식 모형'의 또 다른 차이점은 예측하려는 출력 변수에 제공하는 입력 데이터와 가장 잘 일치하는 모형을 만드는 데 사용하는 방법을 기반으로 한다.

방법 1: 나무 나누기

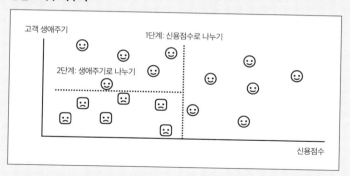

방법 2: 선형 회귀 분석

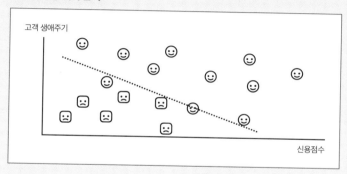

방법 3: 더 정교한 회귀 분석

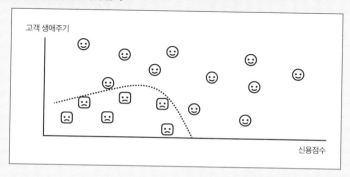

나무 모형 Tree-style model: 앞에서 살펴본 기능이다. 우선 결과를 가장 잘 설명할 단일 변수를 입력하고, 그다음 최선의 입력 변수를 입력하고, 계속 변수를 추가한다. 이렇게 매번 데이터를 점점 더 정교하게 나눈다. 이를 시각적으로 나무 모양으로 나타낼 수도 있고, 그래프 위에 일련의 세로선과 가로선을 그어 보여주는 방법도 있다. 이 방법은 도표 <방법 1>에서 두 단계로 나누는 과정을 통해 설명할 수 있다. 첫 번째 선은 신용점수고, 두 번째 선은 고객 생애주기다.

파라미터 학습 모형 Parametric learning models: 나무 모형과 같은 작업을 하지만, 좀 더 수학적으로 정밀하게 분석한다. 데이터를 단일 변수에 기초하여 덩어리로 나누는 대신, 다른 점데이터 사이에 구불구불한 경계선을 그리며 좀 더 정확하게 점데이터를 나눈다(앞에서 그렸던 타원과 비슷하다). 이런 종류의 모형으로 이전에 봤던 단순 선형 회귀 분석(<방법 2>)뿐만 아니라, 데이터 구역 사이에 더 정확하게 경계선을 그리는 훨씬 더 정교한 회귀 분석 모형(<방법 3>)을 예로 들 수 있다.

모형 선택하기: 정확성 vs 명료성

어떤 종류의 모형을 구축하는 것이 적절할까? 당신이 답을 찾고자 하는 기업의 질문에 따라 틀림없이 달라진다. 하지만 다른 이유로 달라질 수도 있다. 때때로 어떤 모형은 좀 더 수학적으로 정확하게 답을 내지만, 기업 내 다른 사람들에게 설명하기 어려울 수도 있다.

앞에 나왔던 도표를 예로 들면, 나무 모형은 처음에는 신용 점수로 데이터를 나눴다. 왜냐하면 부실 채무자가 모두 특정 임계값 아래의 점수를 받았기 때문이다. 그다음 두 번째는 고객 생애주기로 나눴다. 왜냐하면 신용점수가 낮은 고객도 기업과 거래한 기간이 길면 즉시 납부했기 때문이다. 모형의 결과를 실질적으로 말하면 '부실 채무자는 신용점수가 x점보다 낮고, 거래한 기간이 y달보다 짧다'고 할 수 있다. 설명하기도 쉽고 기업이 실질적인 조처를 취하기도 쉽다.

대체적으로 〈방법 3〉의 더 복잡한 모형으로 더 정교하게 그린 곡선이 데이터를 더 잘 분석한 결과겠지만, '부실 채무자는 이 구불구불한 선 아래에 있다'는 결과로 실제로 무언가를 하기는 더 어렵다. 이런 경우 신규 고객이 이 선 위에 있을지, 아래에 있을지 판단할 때마다 모형을 적용해야 한다.

어쨌든 어떤 모형을 구축할지는 데이터팀의 업무 영역이다. 그러나 관리자들이 기업의 질문을 명확하게 이해하고 질문에 답에 따라 취하고 싶은 조치가 분명할 때, 얻게 되는 답은 더욱 나아질 것이다.

구축할 모형 결정하기

구축할 모형이 무엇이든지, 사업 전반에서 중요한 단계 몇 가지를 미리 생각해봐야 한다. 예측 모형을 구축하는 것은 단지 데이터 분석팀만의 업무가 아니고, 데이터 분석팀도 그저 학구적으로 연습하는 게 아니다. 다른 팀도 고려해야 한다.

먼저 당신의 팀이 분석 전문가와 함께 논의할 의제는 분명하다. 예측할 수 있는 유용한 무언가를 찾을 수 있을까? 이 논의를 시작하기 전에, 기업이 성공하는 데 필요한 핵심 작업을 고려해야 한다. 그리고 어떤 데이터 모형이 훌륭하게 다음을 예측하는 데 도움을 줄지 스스로에게 물어보자.

- 예측 모형을 정확하게 적용하면, 마케팅 대상을 정하고 그에 맞는 마케팅 활동을 할 수 있다.
- 구매팀은 어떤가? 구매팀은 데이터에서 도출한 통찰을 활용할 수 있을까?
- 채용, 판매 직원과 점포 직원 교육을 개선할 수 있을까?
- 점포 운영 관리나 재고 수준 최적화에 도움이 될까?
- 어떻게 해야 온라인 채널 운영이 미래를 예측하는 도구로 더 개선될 수 있을까?

- 고객서비스는 어떤가? 고객이 언제 고객센터로 전화를 거는지 예측할 수 있으면 자원을 더 적절하게 할당할 수 있을까?

기업의 핵심적인 운영 부문을 살펴보는 것은 데이터 분석 사례를 획기적으로 연구하는 훌륭한 방법이다. 〈파트 3〉에서 보겠지만, 진짜 위험은 데이터 분석 프로젝트가 마케팅 부분에만 갇혀, 이메일에서 똑똑한 척을 할 때만 사용되는 것이다. 이메일로만 폐쇄적인 데이터를 쌓는 것은, 기업의 다른 부문에 동일한 기술과 접근 방식을 배치해서 얻을 수 있는 수익을 놓치는 것과 같다.

▶ 사례연구

우리는 도입부에서 영국의 온라인 식료품 소매업체, 오카도^{Ocado}의 사례를 참조했다. 오카도는 전통적인 소매업체라기보다 근본적으로 철저하게 기술에 기반을 둔 소매업체로 설립됐다. 오카도는 많은 부문에서, 이 책에서 논의한 복잡한 모형을 종류별로 사용했다. 오카도의 고객센터가 아주 뛰어난 사례다. 이메일을 분류하는 모형을 구축하여 즉시 응답이 필요한 긴급한 이메일과 조금 기다릴 수 있는 덜 긴급한 이메일로 분류했다. 이 기업은 이렇게 서비스 수준을 개선하고 고객센터 부문에서 투자 대비 최고의 이익을 얻을 수 있었다.

오카도의 사례는 2가지 면에서 흥미롭다. 첫 번째, 데이터 중심 기업의 원칙을 마케팅 최적화 이외의 부문에서도 잘 적용했다. 데이터에 현명하게 접근해서 기업의 모든 부문에 얼마나 큰 이익을 내는지도 보여줬다. 두 번째, 고객서비스 업체를 바꾸기 위해 슈퍼컴퓨터를 사용했다는 얘기가 아니다. 대량의 데이터를 잘 처리하고 분류하는 컴퓨터 모형을 사용하는 대신, 인력은 남겨 그들이 잘하는 일을 하게 했다. 바로 고객과 공감하고 서비스를 전달하는 일이다.

오카도의 사례에서 우리는 전문 용어의 위험에 대한 통찰도 얻을 수 있다. 오카도와 핵심 기술 협력업체에서 발표한 보도자료를 읽어보면, 오카도라는 기업이 누군가를 달로 보냈나 싶은 생각이 들 것이다(오카도는 온라인 식료품 업체이다). 인공지능, 머신러닝, 클라우드 컴퓨팅 같은 용어가 보도자료 곳곳에 넘쳐난다. 오카도가 사용한 인공지능 플랫폼은 구글 텐서플로(검색하면 금방 나오는 유명한 상표)이고, 자연어 처리에 대한 논의도 일부 있었다고 한다.

전부 놀라운 사례다. 정말 실제로 일어난 일이다. 오카도는 과거에 받은 대량의 이메일 중 일부는 긴급한 메일로, 일부는 급하지 않은 메일로 판단했다. 그런 다음 기업이 알고 있는 정보를 활용해 이메일을 최대한으로 분류하는 모형을 구축했다(다른 정보로는 이메일을 보낸 고객, 이메일이 도착한 시간, 그리고 가장 중요한 정보로는 이메일에 쓰인 단어와 구문의 종류를 사용했다). 모형을 구축한 뒤, 이 결과를 새로 받은 이메일

에 적용하여 이익을 창출했다. 무시무시한 전문 용어를 걷어내고
잘 보면, '내'가 속한 기업에서도 할 수 있어 보일 것이다.

몇 가지 중요한 경고

관리팀과 중요한 대화를 한다면, 먼저 분석팀에 어떤 모형을 구축하
라고 지시할지 토의해야 한다. 두 번째 중요한 주제는 모형이 구축되
면, 그 모형으로 무엇을 하려고 하는지 논의해야 한다.

〈파트 3〉에서 이 주제를 다시 다루겠지만, 우리가 구축할 데이
터 분석 모형을 다양하게 생각하면서 늘 염두에 둬야 할 주의사항
도 알아둬야 한다. 일부는 데이터 전문가가 발견하고 관리할 가능
성이 높다. 그래도 기업에서 어떤 예측 모형을 실질적으로 사용하
고자 한다면, 해당 모형이 빠질 수 있는 함정을 머릿속에 새겨두는
것이 좋다(함정은 총 5가지인데, 여기서는 4개만 다루겠다. 다음 6장에서 마지막 5번
째 함정을 다룰 것이다).

1. 과거가 필연적으로 미래를 예측하는 것은 아니다

이번 5장에서 우리가 다룬 모형은 역사적 데이터를 사용해 미래에
일어날 일에 대한 관점을 갖출 수 있게 해준다. 현재 시점에서 과거

는 때때로 훌륭한 시작점이다. 하지만 과거가 미래를 예측하지 못할 거라는 시나리오도 쉽게 상상할 수 있어야 한다.

모형 밖의 환경이 변할 때 이런 시나리오가 나온다. 이 시나리오는 기업 외부에서 일어날지도 모른다. 마치 신기술이 등장하거나 고객의 삶이 변한 것처럼 말이다. 예를 들어 틈새 상품을 파는 온라인 경쟁자가 출현했다고 하자. 그러면 판매 예측 모형이 잡아내지 못할 방식으로, 수많은 소매기업에 급진적인 변화가 생길 것이다. 또 어쩌면 스스로 만든 변화일 수도 있다. 예를 들어 상품 판매 채널을 바꾼다면, 판매 예측 모형은 처리할 수가 없다. 혹은 상품 공급 업체를 바꿔서 공급받는 제품 품질에 문제가 생기면, 콜센터 수요 예측 모형은 그 변화를 바로 잡아내지 못할 것이다.

그래서 역사적 데이터에 기초해 구축한 예측 모형은 실전에서 항상 점검해야 한다. 역사적 데이터가 어떤 패턴을 보이는지 인지하고, 패턴에 따라 어떤 예측을 하는지 점검해야 한다. 보통 역사적 데이터에 기초해 예측을 할 때 다른 많은 조건이 안정적으로 유지된다고 가정한다. 그러나 이런 예측은 주변의 다른 조건이 바뀔 위험을 항상 인지하고 있어야 한다.

2. 모형이 지나치게 좋을 수 있다

잠깐, 이게 가능한 걸까? 모형을 만들 때 정말로 '정확한 모형'이 우리의 목표인가? 그렇긴 하다. 하지만 너무 지나칠 수 있다. 앞에서 언급했던 사례를 다시 살펴보자. 어떤 고객이 부실 채무자가 될지 예측하는 모형을 구축했다. 나는 역사적 데이터로 어떤 고객이 부실 채무자가 됐는지, 어떤 고객이 부실 채무자가 되지 않았는지 안다. 또 고객이 어떻게 결제했는지, 어디에 살았는지도 안다.

그렇다면 '고객이 어디에 살았는가'라는 정보로 논리적 결론을 내려보자. 컴퓨터 모형에 고객의 실제 주소를 입력하면 예측 모형은 쉽게 대답할 수 있다. "이 집, 저 집, 그리고 저 끝에 있는 집에 사는 사람이 부실 채무자가 될 거예요. 다른 집에 사는 사람들은 부실 채무자가 되지 않을 겁니다." 이런 식으로 모형은 역사적 데이터를 적용할 때 100% 정확성을 보일 것이다. 왜냐하면 우리가 집단으로 나눈 실제 고객 명단이기 때문이다. 하지만 이 결과가 예측 값은 아니다. 우리가 모형에 넣으려고 하는 다음 고객은, 짐작건대 어딘가 다른 곳에 살 것이기 때문이다.

멍청한 이야기처럼 들리겠지만, 모형을 구축할 때 많이 일어나는 극단적인 사례다. 기술적 용어로 데이터 과적합over-fitting이라고 한다. 아주 자세한 정보를 모형에 넣으면, 모형이 데이터 전부를 이용한다는 의미다. 이를 시각적으로 살펴보면 앞에 나왔던 〈방법 3〉의 구불구불한 선이 그려진 복잡한 회귀 분석 그래프에서, 이 회귀선을 심하게 구불거리게 두는 것과 같다. 즉 역사적 점데이터 주변 모두를 감아서 도는 선을 그리게 될 것이다. 실제로 미래를 예측하는 데는 전혀 도움이 되지 않는 선이다.

하지만 다행스럽게도 예측 모형에서 이런 위험을 피하는 방법이 있다. 바로 대조군을 사용하는 것이다.

가장 효과적인 예측 모형을 생성하는 방법은 보유한 역사적 데이터를 전부 사용하지 않는 것이다. 대신 시험 삼아 역사적 데이터 일부를 남겨 둔다. 나머지 데이터로 모형을 구축하고 대조군을 입력했을 때 모형이 어떻게 작동하는지 점검해라. 모형이 점점 구체적일수록 데이터 과적합 상태로 빠지게 된다. 그러한 상태에 빠지게 되면 무슨 일이 일어날까? 모형을 구축하며 기초로 했던 데이터에서는 잘 작동하지만, 대조군 데이터는 잘 예측하지 못할 것이다. 데이터 과학자는 그런 일이 언제 일어나는지 관찰함으로써, 미래 예측 가능성이 가장 높은 모형을 만들 수 있다.

경영자도 주의할 사항이 있다. 모형을 검토할 때 대조군을 확인해봐야 한다. 뒤늦게 대조군의 정체를 알아채고, 선견지명은 하나도 못 얻는 불상사를 방지하는 확실한 방법이다. 일부 대기업이 데이터 분석에 많은 돈을 투자했지만, 모형에 대조군을 확실하게 포함시키지 못한 사례를 본 적이 있다. 그런 사례들에서는 결과적으로 분석 값을 적절하게 측정할 수 없었다. 당신의 기업이 이런 기업이 되어서는 안 된다.

3. 흔하지 않은 결과를 예측하기가 더 어렵다

오늘 밤에 추첨하는 로또를 한 장 가졌다고 상상해보자. 로또 1등에 당첨될지 예측하는 모형을 구축해달라는 요청을 받았다.

아주 쉽다. 나는 그저 한 줄짜리 코드를 프린트한다. "아니오. 로또에 당첨되지 않습니다." 로또 1등에 당첨될 확률은 적어도 영국에서는 1,400만분의 1이다. 내 모형은 99.99999% 이상 정확해서, 보너스를 기대할 만하다.

내 모형은 믿기 힘들 만큼 정확하지만, 완전히 쓸모없다. 모형이 아무것도 예측하지 않기 때문이다. 문제는 간단하고 정확한 답변이 모형의 효과성을 측정하는 데 좋은 수단이 아닐 수도 있다는 점이다. 이런 문제는 흔하지 않은 결과를 다룰 때마다 발생한다. 예를 들어 희귀 질병에 대한 임상시험의 성공 여부를 측정할 때 이런 문제를 겪을 수 있다.

특히 기업 혹은 사업적인 관점에서는 희귀하지만, 발생하면 매우 치명적이거나 매우 가치가 높은 사례로 모형을 구축하려 할 때 알아야 한다. 예를 들어 신용판매용 신청서가 사기인 것을 알아채거나, 상품을 팔기 전에 불량을 확인하려 한다면 말이다.

이때는 전반적으로 정확성이 높은 간단한 방법이 있다. 예를 들어 우리의 모형이 놓친 사기의 비율을 측정할 수 있다. 또한 모형이 실수로 사기 가능성이 있다고 뽑은 성실 상환자 고객의 비율을 측정할 수도 있다. 실제로도 이 2가지를 결합해 복합적인 정확도를 만드는 방법이 있다.

그렇지만 다시 한번 말하지만, 정확한 측정법은 데이터 분석팀에게나 필요한 것이다. 비전문가인 우리는 핵심만 챙기면 된다. 99% 확률로 발생하는 무언가를 예측하려 할 때, 99% 정확한 모형을 받아들이려는 위험에도 현명하게 대처해야 한다.

4. 모형이 훌륭할지라도 실행할 가치가 없는 결과를 낼 수도 있다

앞에서 예측 모형의 성공 여부를 측정하는 방법에 대해 논의했다. 이것은 비용 효율성에 대한 문제를 실질적으로 제기한다.

처음 데이터를 수집할 때는 비용이 많이 들 수 있다(〈파트 2〉에서 비용-편익 문제를 살펴볼 예정이다). 만약 데이터를 손쉽게 사용할 수 있다면, 기업 소속 데이터 분석팀이 모형 구축을 적은 비용으로 빠르게 할 수 있다. 그래도 비용 문제는 여전히 남아 있다. 바로 모형이 도출한 결과에 따라 무언가를 실제로 해야 하는 비용이다.

어떤 고객이 부실 채무자가 될 가능성이 높은지, 어떤 고객이 성실 상환자인지 예측하는 모형을 구축했다고 해보자. 예측 모형이 없을 때는 신규 고객 1%가 부실 상환자로 판명되고, 각 고객에게 비용이 발생했음이 드러났다. 그러나 예측 모형으로는 고객을 아주 훌륭하게 분류할 수 있다. 실제로 가상의 신규 고객 100명을 두 그룹으로 나눌 수 있다. 이들 중 97명은 틀림없이 좋은 고객이고, 나머지 3명 중 1명은 부실 채무자가 될 것이고, 2명은 모형이 분류를 잘못했다.

순수하게 분석적인 측면에서 보면 우리는 놀라운 일을 해냈다. 전체 고객 100명 중 잠재적인 부실 채무자 확률이 1%뿐이라고 추측하는 대신, 3명의 고객에 집중해 부실 채무자를 맞출 확률이 33%라고 추측할 수 있다. 우리가 활용 가능한 정보를 질적으로 개선하는 측면에서 보면 엄청난 수치다. 현실에서 그 정도로 정확하게 접근한 모형은 거의 없다.

그렇다면 다음 단계로 넘어가보자. 그 정보로 우리는 실제 무엇을 하려고 하는가? 예측 모형이 부실 채무자를 고객 3명으로 압축해준다면, 비용-편익의 등식은 분명해진다. 부실 채무자 1명을 무시하고 돈을 아껴야 할까? 아니면 좋은 고객 2명을 줄이면서 돈을 더 써야 할까?

아마도 어떤 행동도 취하지 않겠다는 답을 내릴지도 모른다. 정확한 예측 모형을 가지고서도 기업의 경제 논리는, 그 답을 무시하고 부실 채무를 수용해 좋은 고객 2명을 추가적으로 얻으라고 지시한다. 비용-편익 문제는 우리가 조사하려는 질문은 물론, 기업의 경제 논리에도 심각하게 영향을 받는다. 모형을 따르려는 쪽으로 균형이 기우는 경우도 있을 수 있다.

하지만 내포하는 의미는 명확하다. 기업 활동의 한 부분으로 예측 모형을 고려할 때 핵심적인 질문을 해야 한다. 이 모형으로 무엇을 하려고 하는가? 결론을 실행하는 데 비용이 얼마나 들고, 이에 따른 편익은 무엇인가(모형이 정확하지 않을 때, 즉 좋은 고객 2명이 부실 채무자에 포함됐을 때 발생하는 비용도 포함한다)? 심지어 모형을 구축하기 전에 실제로 이런 계산을 할 수도 있다. 이렇게 비용과 편익을 적절하게 이해하면, 모형이 실제로 실행할 만한 가치가 있을 때 정확성에 대한 임계값을 계산하는 데도 도움이 된다.

비용-편익 분석과 향상도 곡선

우리가 방금 살펴본 사례에서 무언가 예측하기 위해 모형을 사용하기로 할 때마다 유념할 만한 요점을 이끌어냈다. 물론 그 어떤 모형도 완벽하지 않다. 예를 들어 상품을 살 고객과 아닌 고객으로 분류하면, 상품을 살 거라 예측한 고객 중 일부는 항상 상품을 사지 않을 것이고 반대 경우도 마찬가지다.

모형의 목적은 무작위로 선택된 고객 집단보다, 상품을 살 가능성이 높은 고객 집단에 집중하게 하는 것이다. 모형은 전형적으로 당신의 관심을 끌기 위해 상품을 살 확률을 예측해, 확률이 가장 높은 고객에서 가장 낮은 고객 순으로 순위를 매긴다. 모형의 실제 성과는 고객 수는 적지만 상품을 구입할 확률이 가장 높은 표본을 보는지, 고객 수는 많지만 상품을 구입할 확률이 좀 더 적은 표본을 보는지에 따라 다르다.

이를 시각화한 것이 향상도 곡선$^{the\ lift\ curve}$이다. 다음에 나오는 차트를 보자.

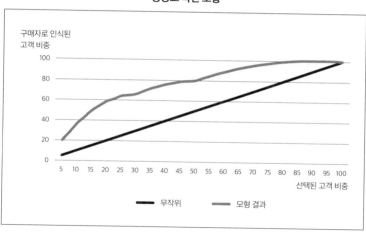

향상도 곡선 모형

앞의 도표에서 대각선으로 그린 직선은 모형을 구축하기 전에 그렸다. 고객층에서 특정 비중은 신상품을 살 것이라고 한다. 하지만 그 고객이 누군지는 아직 아무도 모른다. 결과적으로 고객의 10%를 무작위로 선택하면, 그 집단에서 10%는 신상품을 살지도 모른다. 또 고객의 20%를 무작위로 선택하면 신상품 구매자가 20%가 되는 것이다.

곡선은 모형이 도출한 결과이다. 모형은 상품을 살 가능성에 따라 고객 순위를 매기고, 왼쪽(살 가능성이 가장 높은)에서 오른쪽(살 가능성이 가장 낮은)으로 줄을 세웠다. 모형이 보여준 선처럼, 살 가능성이 가장 높은 상위 고객 5%를 대상으로 정하면, 잠재 고객 20%를 찾을 수 있다. 무작위로 선택할 때보다 모형을 활용할 때 향상도는 4다(20÷5).

고객의 50%로 대상을 늘리고 싶으면, 구매할 가능성이 낮은 고객 일부도 포함될 수 있음을 인지해야 한다. 이 경우 구매 가능성이 있는 고객의 50% 수준에서 잠재 고객 80%를 찾을 수 있다. 향상도는 1.6(80÷50)밖에 안 된다. 분명 우리가 목표하는 표본이 클수록 절대적으로 잠재고객도 늘어나지만, 분석은 점점 효율적이지 못하게 된다. 결국 구매를 하고 싶지 않은 고객과 소통하면서 더 많은 비용을 낭비하게 될 것이다.

비용-편익 분석의 핵심은 실제로 향상도 개념에서 시작한다. 왜냐하면 보통 가능한 한 정확한 잠재고객(또는 이탈 고객, 부실 채무자)을 목표로 삼고 싶기 때문이다. 모형에서 향상도에 대한 답은 한 가지가 아니다. 우리가 목표로 하는 대상이 얼마나 큰 표본인지에 따라 다르다. 모형의 예측 결과에 대한 비용-편익 논의는 절대적인 '맞다, 틀리다'가 아니다. 대체로 매우 적은 수의 고객을 대상으로 효과를 높이느냐, 혹은 덜 정확하지만 많은 수의 고객을 대상으로 삼느냐 하는 상충관계에 대한 논의다. 실제로 목표하는 고객에 대한 고정비와 변동비를 판단하는 훌륭한 기준이 있다면, 투자 대비 최고의 이익을 나타내는 향상도 곡선에 그 기준을 효과적으로 적용할 수 있다.

▶ 사례연구

내가 참여했던 이동통신사 사례를 살펴보자. 이 기업이 직면했던 과제는 우리가 5장에서 논의한 수많은 문제점과 대부분 겹친다. 이동통신사는 매년 고객의 20%가 떠날 정도로 고객 이탈률이 상당히 높다. 또 신규 고객을 유입하는 데도 비용이 많이 든다. 그래서 표면적으로는 고객 이탈률을 줄이려고 엄청난 보상금을 지급해 고객층을 두텁게 유지할 수 있었다. 반면에 비싼 비용을 들여 신규 고객을 지속적으로 많이 유치하려고는 하지 않았다.

　여기서 해야 할 질문은 아주 명확했다. 앞으로 몇 달 안에 어떤 이동통신사의 고객이 이탈할지 예측하는 모형을 구축할 수 있을까? 모형을 구축해서 이탈률을 줄이기 위해 선제적으로 해야 할 조치는 무엇일까?

이때 사용 가능한 데이터는 겉보기에는 매우 풍부했으며, 해당 이동통신사는 정확한 정보를 가지고 있었다. 얼마나 오랫동안 고객이 통신사를 이용했는지, 요금을 얼마나 내는지, 어떤 휴대폰을 사용하는지, 얼마나 많은 전화를 걸고 받으며 문자를 주고받는지, 얼마나 많은 데이터를 사용하는지 말이다. 또한 이론적으로도 더 많은 정보를 알고 있다. 항상 당신(고객)이 어디에 있는지 알고, 전화하는 범위, 즉 가장 자주 통화하는 사람들의 특징도 안다.

불현듯 이동통신사가 당신에 대해 모든 정보를 안다는 사실이 조금 불편하고 불안할지도 모르겠다. 당연하다. 하지만 앞에 나온 사례를 보면, 모든 정보를 알고 있을 때 이러한 정보를 한곳으로 모으는 것이 매우 어렵다는 사실을 알 수 있었다. 즉 막대한 양의 점 데이터와 아직은 쓸모 있는 구식 기술의 한계는 이 연습을 준비하는 단계에서 흔히 그렇듯 가장 어려운 부분이다.

그래도 다양한 모형을 만들어 그것을 작동시켜, 앞으로의 이탈자를 임의적으로 예측하지 않고 더 나은 방법으로 정확하게 예측할 수 있다. 이것을 모형에서 도출된 '향상도'라는 용어로 설명했다. 실제로 만든 모형으로 측정에 성공하고, 모형은 전부 의미 있는 향상도를 보였다. 예를 들어 가장 이탈할 가능성이 높은 고객을 10%로 좁혀나가며, 모형의 향상도가 3배 또는 4배가 될 것이라 기대할 수도 있다.

그러나 이 연습은 비용-편익 문제라는 현실에 부딪히면서 실패했다. 고객 표본이 상당히 높은 향상도를 보여도, 이에 대해 무엇을 해야 한다는 과제가 남는다. 사전에 고객에게 연락하는 것은 비용이 꽤 많이 들었다. 이메일은 상대적으로 비용이 적게 들겠지만, 이메일로 고객 이탈률이 변할 확률은 얼마나 될까? 고객과 가장 효과적으로 연락하는 방법은 전화지만, 돈이 든다. 심지어 연락하는 비용이 아니라도, 떠나고자 하는 고객의 마음을 돌릴 만한 행위를 실제로 할 때도 비용이 들었다.

일단 우리가 어떤 조치를 취하고 보상을 내걸었을 때, 2가지 방면에서 돈을 낭비한다는 사실이 명확하다. 첫째는 절대로 이탈하지 않을 고객에게 돈을 쓰고, 둘째는 결국 이탈하는 고객에게도 돈을 썼다. 2가지 비용은 우리의 편익을 능가했다. 누가 이탈할지 꽤 정확하게 예측할 수 있었지만, 그 단계에서 행한 조치는 비용 면에서 효율적이지 않다는 결론을 내려야 했다. 고객이 해지하려고 전화할 때까지 기다렸다가, 그때 가서 문제를 해결하는 것이 훨씬 더 효율적이었다. 비록 사후 관리는 선제적으로 연락을 취할 때보다 낮은 전환율을 보이겠지만, 어쨌든 이탈하지 않을 고객에게 연락하는 데 돈을 쓰지 않을 수 있었다. 그렇게 이 사례에서는 투자 대비 더 높은 이익을 얻었다.

5장의 마무리

여러 장에 걸쳐 우려하는 바를 늘어놨다. 그럼에도 불구하고 예측 모형이 힘이 있다는 믿음을 잃어서는 안 된다. 데이터에 기초하여 구축한 모형은 여러 환경에서 기업 가치를 엄청 높일 수 있으므로, 만들 만한 가치가 있다. 이번 장에서 설명한 주의사항은 전부 관련 팀이 이를 충분히 일찍 인지하고 있는 한 관리가 가능하다.

앞서 살펴보았듯이 제대로 시작하고 싶으면 기업 내 각 분야의 팀과 논의를 해야 한다. 우리가 여기서 다뤘던 다른 유형의 분석에 대한 지식으로 무장하고, 분석 방식에서 얻을 수 있는 이익에 대해 논의해보자. 그 밖에 필요한 데이터 종류와 데이터에서 얻고자 하는 질문의 종류에 대해 논의하는 것도 가치가 있다. 이는 데이터 중심 기업이 된다는 것의 진정한 의미를 광범위하게 논의하기 시작할 때, 〈파트 1〉의 끝에서 다룰 예정이다.

그러나 그 전에 예측 모형이 빠질 수 있는 다섯 번째 함정에 대해 생각해보고자 한다. 살면서 모형을 한 번도 구축해본 적이 없는 당신도, 아마 이 함정에 거의 빠질 뻔했을 것이다.

우산을 들었다고
비가 오는 것은 아니다

6장에서는 예측 모형의 결과를 제멋대로 잘못 해석하게 하는

일반적이고 흔한 오해를 점검하고,

상관관계와 인과관계의 차이를 살펴보겠다.

5장에서는 당신이 기업을 운영하는 데 도움을 주기 위해, 데이터 과학자가 구축할지도 모르는 다양한 범주의 모형을 살펴보았다. 그 모형으로 어떤 고객이 특정한 상품을 사는지, 어떤 상품이 수용할 수 없는 높은 불량률을 보이는지 예측할 수도 있다.

모형에 입력한 질문이 무엇이든, 모형을 구축할 때 사용한 첨단 기술이 무엇이든, 미래를 예측하는 모형을 구축하려면 역사적 데이터를 필수적으로 사용한다. 모형이 잘못된 결과를 내는 몇 가지 경우에 대해 살펴봤지만, 우리가 알아야 하는 좀 더 기초적인 문제가 있다. 심지어 데이터와 모형이 아무 데도 보이지 않는 경우라도, 기업의 의사결정을 성가시게 하는 것이 무엇인지 알아야 한다. 이를 설명하는 최고의 사례가 있다.

▶ 사례연구

훌륭한 고객 데이터를 보유한 온라인 소매업체가 아주 구체적인 목표를 달성하기 위해 모형을 구축하기로 결정했다. 업체는 상품의 범위가 광범위했는데, 신규 고객이 첫 번째로 사는 상품으로 미래에 얼마나 가치 있는 고객이 되는지 예측하고 싶어 했다. 바로 고객생애가치[CLV, Customer Lifetime Value]이다.

이 질문이 왜 유용한 질문인지는 바로 알 수 있을 것이다. 고객이 가치가 있는지 일찌감치 알아보면, 제공하는 고객서비스 수준이나 고객 관계를 유지하는 데 투자하는 마케팅 비용에 영향을 줄지도 모르기 때문이다.

실제로도 흥미로운 관계가 있다고 드러났다. 소매업체는 우리가 살펴본 모형 구축 기술 몇 가지를 사용했다. 판매 중인 광범위한 상품에서 고객이 A 상품과 B 상품을 모두 구매한다면, 해당 고객은 가치가 높은 고객이 될 가능성이 훨씬 높다고 봤다(실제 A와 B 상품은 대외비라서 이 익명의 사례에서 밝힐 수가 없다).

일단 좋은 소식이 있다. 통계적으로 유의미하고 탄탄한 모형과 본래 질문에 답이 되는 간단하고 멋진 결과를 얻었다. 그러나 기업이 다음에 한 행보 때문에 구축한 모형은 망가지고, 모형에서 가치를 창출할 기회도 망쳐 버렸다.

이 업체는 모형을 어떻게 관리했을까? 어떻게 망쳤을까? 바로 마케팅 부서에서 모형의 결과에 도취된 나머지, 신규 고객이 첫 번째 구매에서 A 상품과 B 상품을 모두 살 때 즉시 추가 할인을 제공한 것이다.

어떤 실수인지 눈치 챈 독자도 있을 것이다.

A 상품과 B 상품을 먼저 구매한 고객이 가치가 높다고 드러났다는 말은 가능하다. 하지만 A 상품과 B 상품의 구매로 가치가 높은 고객이 됐다는 말은 가능성이 훨씬 적다.

영화 007 시리즈의 본드카를 제작한 영국 슈퍼카 제조회사 애스턴마틴의 스포츠카를 탄다는 것은, 매우 부유하다는 좋은 지표다. 하지만 누군가에게 애스턴마틴을 준다고 그가 부유해지는 건 아니다(고객이 스포츠카를 팔면 부유해지겠지만, 그건 다른 이야기다). 마찬가지로 많은 사람들이 우산을 가지고 다니면 비가 올 거라고 짐작할 수 있지만, 길거리에서 사람들 모두에게 우산을 준다고 해서 비가 오지는 않는다.

통계학의 유명한 구절 중에 이런 말이 있다. 상관관계가 인과관계를 의미하지 않는다.

해당 온라인 소매업체가 A 상품과 B 상품을 사는 사람들을 관찰하며 얻은 예측 능력은, 사람들에게 해당 상품 2개를 사라고 적극적으로 설득하면서 망가졌다. 이제 더 이상 장바구니에 두 상품이 동시에 담긴다고 해서, 그것이 '큰 가치의 고객이 될 가능성이 높다'를 뜻하지는 않게 되었다. 향후 두 상품을 구입한 고객은 마케팅팀이 발행한 할인쿠폰에 반응했을 뿐인 것이다.

선별되지 않은 상관관계와 인과관계

데이터 중심 기업이 되려는 우리의 여정을 생각할 때, 여기에 아주 중요하고 교훈적인 이야기가 있다. 대부분의 경영자들이 유념해야 할 중요한 이야기다. 대부분 상관관계와 인과관계 사이를 아주 헷갈려 한다. 우리 머릿속에는 주변에서 발생하는 일에 대해 근본적인 인과 모형을 찾는 회로가 심어진 것 같다. 그래서 우리가 발견한 경향에 스스로 쉽게 속는다. 보고 있는 2가지 사건이 실제 경우보다 더 관계가 있다고 믿게 되는 것이다.

실제로도 심리학과 경제학은 행동경제학으로 합쳐진다. 왜 이런 행동을 하는지 실제로 다루는 좋은 이론이 등장한 것이다. 예를 들어 집 근처 덤불에서 부스럭거리는 소리가 난 뒤 이웃이 사자에게 잡아 먹혔다고 하자. 그러면 다음에 덤불에서 부스럭거리는 소리를 들었을 때 재빨리 도망치는 행위는 아마도 강력한 진화적 특성일 것이다.

그러나 근본적인 심리가 무엇이든, 이유와 결과를 잘못 두거나 상관관계가 오직 하나만 존재할 때 인과관계를 보는 것은 매우 위험하다. 2장에서 우리가 살펴봤던 수학적 내용, 평균으로의 회귀를 다시 알아보자.

상관관계·인과관계 렌즈를 통해 우리가 자주 하는 실수를 보면 이런 현상이 나타나는 또 다른 이유를 알 수 있다. 만약 성과가 하위 25%인 점포에 성과 향상 프로그램을 실시하는 데 집중하면, 수학적 실수를 범할 뿐 아니라 실제로 존재하지 않는 인과관계를 관찰할지도 모른다. 무언가를 했고, 점포는 개선됐다. 틀림없이 둘 사이에 관계가 있다. 그렇지 않은가? 그러나 우리가 살펴봤듯이 반드시 그렇다고는 할 수 없다.

- 크리스마스 이후에 판매했더니 판매량이 많이 증가했다.
  → 판매량은 어쩌면 그냥 올랐을 것이다. 고객은 습관대로 당신 기업에서 구매했기 때문이다.

- 실적이 좋게 나온 영업보고서를 업데이트했더니 주가가 오른다.
  → 만약 경제가 좋고 주식시장이 더 일반적으로 오르는 상황이라면, 기업의 주가 상승은 당신 생각처럼 영업보고서와 연관이 없을지도 모른다.

- 마케팅 비용을 줄였더니 판매량이 감소했다.

→ 마케팅 비용을 줄인 이유가 업황이 좋지 않아서, 판매량이 오르기 힘든 시기라서 그런 것이 아닌가?

- 직원 몰입도가 더 높은 기업이 주식시장에서 더 잘나가는 경향이 있다.
  → 아니면 사회적으로 가치가 있는 분야에 투자하려고 더 많은 돈을 적립한 성공적인 기업일까?

앞에 제시한 상관관계가 항상 틀리다고 말하려는 의도는 아니다. 실제로 앞의 명제는 아주 잘 맞을지도 모른다. 개별 사례를 더 많이 심사숙고했다고 보장한다면 말이다. 2가지 사건이 상관관계가 있다고 발견했어도, 한 사건이 다른 사건을 일으켰다고 결론을 내기는 충분하지 않다.

상관관계와 인과관계의 차이점 파악

인과관계에 대한 관점을 갖추기 위해, 상관관계를 어떻게 더 완벽하게 조사할 수 있을까? 이때 유용한 길잡이가 있다. 두 사건 사이에 어떤 인과관계를 발견했을 때, 일반적으로 기업에서 발생한 사건끼리 또는 모형에 기반을 둔 데이터 과학의 결과 사이에서 인과관계를 발견하면, 다음의 내용을 통해 사실인지 스스로 확인해보자.

- 상관관계가 한쪽으로 치우친 표본과 관련이 있을까? 앞서 살펴본 평균으로의 회귀처럼 말이다. 가장 성과가 낮은 점포군만 선택하고 원래 성과가 좋은 점포는 실적이 안 좋은 주간의 표본만 선택했다는 사실을 인정하지 않고, 단지 기초 통계의 인공 수치로 성과가 확실히 개선되는 것을 발견했다.

- 인과관계가 반대로 설정될 수 있을까? 앞선 사례연구처럼 가치가 높은 고객이 A 상품과 B 상품을 모두 구매하는 경향이 있지만, 누군가에게 두 상품을 준다고 가치 있는 고객이 되지는 않았다. 이 사례에서는 인과관계가 있지만, 반대로 설정될 수도 있다.

- 두 사건이 실제로 세 번째 요인에 의해 일어난 것은 아닐까? 보통 교란 요인이라고 일컫는 세 번째는 A 상품과 B 상품, 둘 다에 영향을 미칠지도 모른다. 대머리와 부자 사이에 꽤 높은 상관관계가 있다고 하자. 하지만 어떤 것도 서로를 촉발하지 않는다. 대신에 대머리와 부자 모두 남자면서 나이가 많은 경우와 상관관계가 있다. 어쩌면 부유함과 성별, 그리고 나이의 상관관계가 바로 그 관계일지도 모른다. 이 3가지 항목의 상관관계는 역사적 사실이며, 대머리와 관련된 그 어떤 상관관계보다 더 확실하다

는 것이다.

- 상관관계가 단지 허튼 소리일까? 미국 하버드대학교 로스쿨 학생이었던 타일러 비겐^{Tyler Vigen}이 운영하는 '그럴싸한 상관관계^{Spurious Correlation}'라는 웹사이트가 있다. 타일러 비겐은 극단적으로 있음직하지 않은 변수 사이의 높은 상관관계를 추적한다. 예를 들면 수영장에 빠져 죽은 미국인의 수가 올해 니콜라스 케이지가 출연한 영화 수와 상관관계가 있다고 드러났다. 이러한 상관관계가 실제로 인과관계를 드러낼 가능성은 조금도 없어 보인다. 실제로 이와 같은 관찰이 상관관계 대부분을 차지할 가

상관관계가 실제로 인과관계를 드러내지 않을 수도 있다

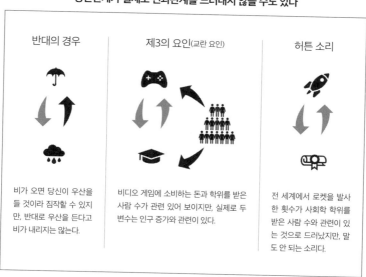

반대의 경우

비가 오면 당신이 우산을 들 것이라 짐작할 수 있지만, 반대로 우산을 든다고 비가 내리지는 않는다.

제3의 요인(교란 요인)

비디오 게임에 소비하는 돈과 학위를 받은 사람 수가 관련 있어 보이지만, 실제로 두 변수는 인구 증가와 관련이 있다.

허튼 소리

전 세계에서 로켓을 발사한 횟수가 사회학 학위를 받은 사람 수와 관련이 있는 것으로 드러났지만, 말도 안 되는 소리다.

능성도 전혀 없다. 우연의 일치일 수는 있다. 관찰 기간 동안 그 래프 위에 그려진 두 선의 모양이 우연하게 일치할 수도 있지만, 오래 지속될 가능성은 없다.

생존자 환상

직원 몰입도가 높은 기업이 주식시장에서 더 잘 나간다는 사례는 통계적 오류를 보여준다. 이러한 통계적 오류는 경영학 교재와 경영대학 연구를 망치고, 또 다른 방식으로 관찰한 상관관계가 우리가 생각한 만큼 인과관계가 거의 없을지도 모른다는 의미를 나타내기도 한다. 관찰한 기업의 표본이 단지 스스로 표본이 되기로 선택한, 여전히 주변에서 관찰되는 표본이기 때문이라면? 그렇다면 생존자 편향survivorship bias의 세계에 온 것을 환영한다.

신생 스타트업 기업 100개를 생각해보자. 통계적으로 3년이 지나면 100개 기업 중 반은 여전히 영업 중이고, 나머지 반은 훌륭한 아이디어가 없거나 적시에 중요한 투자를 받지 못했을 것이다. 어떤 이유로든 신생 기업이 실패할 확률은 매우 높다.

자, 이제 생존한 기업 50개로 미래 스타트업 기업에게 전해줄 유용한 교훈을 엿보기 위해 무언가 결론을 내고 싶다고 상상해보자.

엄밀하게 조사하면, 50개 기업을 연결하는 한 가지 요인이 있다. 바로 푹신푹신한 휴식 공간과 수영장 테이블, 공짜 간식이 직원들에게 제공된다는 점이다. 그렇다면 이게 정말 성공한 스타트업의 전형적인 특징인가?

지금까지 인과관계를 의심하는 우리의 노련한 눈과 경험에 비추어 봤을 때, 이 결론에는 명백한 결함이 있다. 우리는 나머지 50개 기업이 왜 실패했는지 모른다. 실패한 기업도 직원에게 앞에서 언급한 모든 복지를 제공했을 가능성이 있다. 스타트업 기업의 성공 여부를 결정할 때 쿠션 덮개나 테이블 축구대 또는 다른 어떤 무언가를 직원에게 제공한다는 사실로는 전혀 예측되는 바가 없다.

관찰 결과가 인과관계가 있는지 고려할 때, 이런 기본적인 실패는 항상 발생한다. 역대 베스트셀러 경영학 교재 중에서도 이런 실패를 충분히 고려하지 않고 성공한 기업만을 필수적으로 분석하는 교재도 있다. 재정 자문가가 펀드를 얼마나 잘 운용했는지 주식 시장과 비교해서 그래프를 보여줄 때를 생각해보자. 어쩌면 예상보다 실적이 부진한 펀드가 도중에 운용이 중단돼서 그래프에 나타나지 못한 사실을 생략하고 언급할 수도 있다.

실제로 성공과 실패의 요인을 분석하는 유일한 방법은 전체 기업을 전 기간 동안 추적하는 것이다. 성공한 기업만큼 실패한 기업도 함께 말이다.

신뢰 수준에 대한 착각

바로 지금 이 순간에도 우리는 주의를 기울여야 한다. 1장에서 논의한 통계적 유의성을 기억하는가? 흔히 95% 신뢰구간을 임계값으로 사용한다. 이는 분석 결과에 따라 도출한 결론이 무엇이든지, 통계적으로는 그저 작은 문제도 없을 확률이 95%라는 뜻이다.

이 말은 사실상 이런 종류의 작은 문제를 보게 될 가능성이 당시에 5%는 있었다는 뜻이다. 즉, 분석 결과의 20분의 1이 실제로 유의미한 문제가 있다고 주장한다. 이는 특히 연구 논문에 사용된 분석에서 큰 문제가 된다. 수백 개의 연구 논문 주제가 무언가 사실이 아니라는 결론을 증명하고자 한다면, 이 중에서 5%는 어쨌든 유의미한 증거가 된다. 결국 유의미한 결과를 흥미롭게 보여주며 눈을 사로잡는 연구 논문만이 발간된다면, 실재하는 무언가를 보여주는 대신 좀 더 과학적으로 인증된 기사를 학술지에 게재하는 경우일지도 모른다. 정말 무서운 생각이다.

따라서 성공하거나 실패한 스타트업 기업의 데이터를 적절하게 추적해도 화제가 되는 논문은 성공한 기업의 CEO가 얼마나 머리가 긴지 분석한, 여전히 말도 안 되는 논문일 수도 있다. 상관관계는 상식을 저버릴 때 대는 변명거리가 아니다.

6장의 마무리

그럼에도 불구하고 상관관계가 여전히 인과관계로 보여서 조급해
진다면, 이때 해볼 수 있는 일이 있다. 실험을 하나 해보자. 예를 들
어 당신이 생각한 바를 의도적으로 다양하게 하는 경우, 어떤 변화
가 일어나는지 알아보자. 판매를 과도하게 촉진하거나 심지어 신규
고객에게 A 상품과 B 상품을 모두 나눠줬을 때 정말로 고객 가치
가 높아졌다면, 이는 정말로 유용한 발견이 될 것이다(실제로 그렇지는
않겠지만).

이미 살펴봤듯이 앞의 실험을 한다면, 당신이 관찰하는 대상이
시간이 지나면서 또는 수학적인 이유로 달라지는 경우, 대조군은
실험에서 제외해야 한다는 것을 기억해라. 현실적이며 통계적으로
유의미한 움직임과 대조군을 비교할 때만이 기업은 그 결과를 진
정으로 확신할 수 있고, 실제로 무언가 행동할 수 있다.

기업에 가치를 더하는 모형 구축 기술을 검토할 때, 상관관계와
인과관계를 차이를 인식하고 경계하는 행위는 정말 중요하다. 이렇
게 데이터 중심 기업을 구축하기 위한 핵심으로 돌아가기 전에 우
리가 살펴봐야 하는 마지막 주제가 있다. 불확실하지만 기업 운영
에 치명적인, 바로 확률의 세계다.

Chapter 7

확률은 얼마나 될까?

다양한 분석 모형 사례가 이제 익숙해졌을 것이다.
이제는 확률의 세계를 잠깐 탐험할 시간이다.
확률은 기업의 데이터를 이해하는 데 아주 중요한 개념이 될 것이다.

앞의 5장과 6장에서 '~할 가능성' 같은 표현을 많이 봤을 것이다. 예를 들어 고객이 부실 채무자가 될 가능성이 얼마나 되는지 예측하는 모형의 결과를 얘기했다. 앞선 사례에서 사용했던 향상도 곡선은 무작위로 추출한 기준선을 대체하고, 모형이 얼마나 더 정확하게 고객이 무언가 할 가능성을 인식하는지 명쾌하게 계산했다.

수학적으로 모든 언어에서 회피하는 개념이 바로 확률이다. 학창 시절 수학 시간을 기억한다면, 어쩌면 확률이라는 용어만 들어도 두드러기가 날지도 모르겠다. 확률의 세계로 들어갈 때 조금 돌아서 가는 것도 좋다. 보장하건대 기업은 확률을 알면 더 나은 의사결정을 할 수 있다. 다음 사례에서 우리는 확률을 이웃 삼아 짧지만 기업 중심적인 실무 여행을 다녀올 것이다.

수학 수업을 듣는 많은 학생들은 확률이 정말 혼을 쏙 빼놓는

다고 말한다. 확률이 꽤 단순하게 들리는 무언가로 시작하지만, 급작스럽게 복잡해지기 때문이다. 동전을 던져 앞면이 나올 확률을 누군가에게 물으면, 아마 기쁜 마음으로 50%라고 말해줄 것이다. 다시 동전이 연속으로 앞면이 나올 확률을 물으면, 조금 불편한 기색을 보이기 시작한다. 그리고 또다시 동전을 세 번 던져서 순서는 상관없이 앞면 두 번, 뒷면 한 번이 나올 확률을 물으면, 사람들이 답을 할 가능성이 없다. 질문 모두가 꽤 간단한 질문처럼 들리며, 실제로 계산하는 산식도 꽤 간단하다. 하지만 확률을 이해하기 위해서는 더하기 빼기 같은 다른 수학 문제를 풀 때보다 세상을 조금 다르게 볼 필요가 있다. 확률은 편하고 친숙하게 보이지만, 우리를 좌절시킨다.

그래서, 동전 던지기 답이 뭐지?

첫 번째 질문의 답, 실제로 공정하게 동전을 던져 앞면이 나올 확률은 50%다. 이 정도는 아마 수긍할 것이다. 이를 시각화하고 싶으면 나무를 그리는 방법이 있다. 앞서 살펴본 나무 모형과 조금 비슷하다. 이 경우에는 오직 결과가 2개뿐이라 동전에는 편향된 결과가 없다. 그래서 동전 앞면이 나올 확률은 반 정도라고 기대할 수 있다.

이 나무 모양 도표는 두 번째 질문에 답할 단서이기도 하다. 연속으로 앞면이 두 번 나왔기 때문에 첫 번째도 앞면이 나와야 한다. 나무를 확장해서 가능한 모든 시나리오, 앞면 다음에 뒷면, 뒷면 다음에 앞면을 그리면, 그 구체적인 결과가 나올 확률이 4개 중 1개, 즉 25%라고 쉽게 증명할 수 있다.

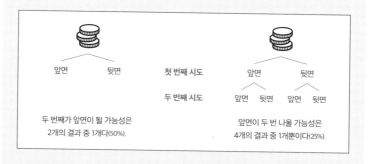

세 번째 질문도 같은 방식으로 답할 수 있다. 나무를 3단계로 확장해서, 동전을 세 번 던질 때 앞면과 뒷면이 나오는 조합을 모두 보여주는 것이다. 앞면이 두 번, 뒷면이 한 번 나올 확률은 이 조합이 나오는 횟수를 세서 전체 나올 수 있는 결과의 수로 나누는 것이다. 전체 나올 수 있는 결과 8개 중 3개가 이 조합으로 나타나며, 확률은 37.5%다.

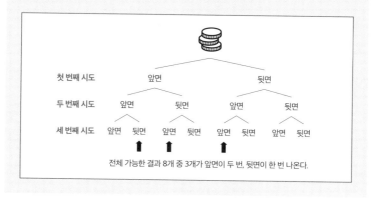

간단하게 동전을 세 번 던지는 사례로 확률이 개념적으로 꽤 쉽다고 느꼈기를 바란다(적어도 우리는 데이터 중심 기업을 생각하는 사람들이니 그래야 한다).

어쨌든 이 사례로 수학이 조금 더 성가셔졌음을 알 수 있다. 첫 번째 질문에서 두 번째 질문으로 옮겨갈 때는 수학적으로 복잡하지 않다. 만약 앞면이 한 번 나올 확률이 50%면, 연속으로 두 번 나올 확률은 각각의 확률을 곱하면 된다. 50% 곱하기 50%, 확률은 25%다. 하지만 세 번째 질문은 앞에 나온 시각적인 도표 없이 계산하기가 조금 더 어려워졌다. 동전을 세 번 던졌을 때 전체 나올 수 있는 결과의 수는 상대적으로 간단하다. 동전을 던질 때마다 결과가 2개씩 나오기 때문에, 세 번째 시도 후 나무에 달린 이파리의 수는 '2×2×2'로 8개가 된다. 하지만 앞면이 두 번, 뒷면이 한 번 나오는 결과의 수는 우리가 지금 알고자 하는 것보다 조금 더 복잡한 수학이 필요하다. 동전을 많이 던질수록 그 조합을 계산하기가 더 어렵기 때문이다.

기업의 확률

계산도 어려운데 왜 우리는 확률로 괴로워해야 할까? 이는 확률이 기업의 데이터를 이해하는 데 엄청나게 중요하기 때문이다. 더 구체적으로 말하면, 확률 이론 개념 몇 개가 엄청나게 중요하기 때문이다. 1장에서 다뤘던 핵심 개념처럼 확률 개념도 조금은 중요하다. 이 개념을 알면 우리가 찾은 데이터를 해석할 때 매번 끔찍하게 저지르는 실수 몇 가지를 피할 수 있기 때문이다.

사례를 하나 생각해보자. 고객의 20%가 남서부에 살고, 또 고객의 20%가 65세 이상이다. 지금 65세 이상이면서 남서부에 사는, 둘 다 해당하는 고객의 비중은 얼마일까? 자, 그 답은 이 정도 정보로는 알 수가 없다.

예를 들면 65세 이상 고객 전부가 남서부에 사는 경우도 있을 수 있다(어쨌든 남서부이니 따뜻하고 살기 좋아서 그런가 보다). 이런 경우 그 비중은 20%일 것이다. 왜냐하면 두 통계가 실제로 같은 사람을 설명하기 때문이다.

반면에 나이 든 고객은 전국에 무작위로 분포되어 있을 수 있다. 이런 경우 남서부에 사는 고객의 20%를 시작점으로 선택해서, 그중 20%가 65세 이상이라고 가정하는 것이 합리적이다. 왜냐하면 다른 지역보다 그 지역에 거주하는 고객의 나이가 다르다고 가정할 이유가 없기 때문이다. 이런 경우 65세 이상이면서 남서부에 사는, 둘 다 해당하는 고객의 비중은 20% 곱하기 20%, 즉 전체 고객의 4%이다.

물론 훨씬 더 극단적인 시나리오에서는 65세 이상의 고객이 전부 스코틀랜드에 살 수도 있다. 이 경우 65세 이상이면서 남서부에 사는 고객의 비중은 0%다!

고객 중 20%는 남서부에 살고, 고객 중 20%가 65세 이상이다

시나리오 1: 두 통계가 완전히 중복된다. 65세 이상인 고객이 남서부에 산다.

시나리오 2: 두 통계가 완전히 독립적이다. 65세 이상 고객의 20%가 남서부에 산다. 오직 전체 고객의 4%(20×20)만이 65세 이상이면서 남서부에 산다.

점데이터는 얼마나 독립적인가?

앞의 사례처럼 2가지 통계를 조합하면 구할 수 있는 결과는 엄청 많이 다양해진다. 왜냐하면 2가지 통계가 서로 독립적independent이냐 아니냐에 따라 그 결과가 달라지기 때문이다. '독립적'이라는 말은 확률이 어떻게 적용되는지 이해하는 데 대단히 중요하다.

2가지 통계가 얼마나 중복되는지, 하나의 통계가 다른 통계에 얼마나 영향을 미치는지 필수적으로 측정해야 한다. 2가지 통계가 서로 완전히 독립적이라면, 하나의 통계가 다른 통계에 대해 아무것도 설명하지 못한다는 것을 알 수 있다. 이 독립성이란 조건 때문에 2가지 확률을 곱할 수 있는 것이다. 우리가 앞에서 4%라는 수치를 계산한 것처럼 말이다.

또한 동전 던지기 사례에서 앞면이 나올 확률 50%를 알고 50%를 두 번 곱해, 연속으로 앞면이 두 번 나올 확률 25%를 구했던 방법이기도 하다. 이 사례에서 확률을 구하는 방법은 동전 던지기가 서로 완전히 독립적이라는 가정에 달렸다. 첫 번째 시도에 동전 앞면이 나왔다는 사실은, 두 번째로 동전을 던진 결과에 어떠한 영향도 주지 못한다.

이 가정에 의구심이 들 때, 무슨 일이 일어나는지 보기 위해 가방 안에 이상한 동전이 있다고 상상해보자. 가방 속 동전의 반은 앞면만 있고, 나머지 반은 뒷면만 있다. 무작위로 동전 하나를 꺼내 던지면 앞면이 나올 확률은 50%로, 진짜 동전을 던질 때와 같다. 이 경우에도 앞면만 있는 동전을 가방 속에서 꺼낼 확률이 50%였기 때문이다.

두 면이 같은 이상한 동전을 다시 던져 보자. 첫 번째 나온 결과와 같은 결과가 나올 것이다. 첫 번째로 앞면이 나왔으면 두 번째도 반드시 앞면이 나올 것이다. 동전 던지기 사례는 더 이상 독립적이지 않다. 그러므로 가방에서 선택한 동전을 던져 연속해서 앞면이 두 번 나올 확률은 앞면이 한 번 나올 50%의 확률과 같다.

시나리오 1: 동전을 가방에서 꺼내 반복해서 던졌을 때

무작위로 선택한 동전에
앞면과 뒷면이 있다.

그러므로 연속적으로 앞면과 뒷면이 무작위로
나온다. 앞면 또는 뒷면이 나올 확률이 각 50%라
서 앞면이 연속으로 두 번 나올 확률은 25%이다.

조작된 동전(반은 앞면만, 나머지 반은 뒷면만 있는 동전)을 가방에서 꺼내 반복해서 던졌을 때

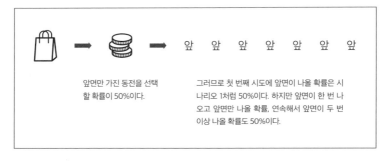

앞면만 가진 동전을 선택
할 확률이 50%이다.

그러므로 첫 번째 시도에 앞면이 나올 확률은 시
나리오 1처럼 50%이다. 하지만 앞면이 한 번 나
오고 앞면만 나올 확률, 연속해서 앞면이 두 번
이상 나올 확률도 50%이다.

실제 비즈니스 시나리오 속의 중복된 변수

그래서 뭐가 문제일까? 확률이 중복되는지 독립적인지, 이를 이해
하는 것이 사업 목표와 무슨 관련이 있다는 말인가? 현실 사례에
서 우리는 웹사이트를 볼 때마다 다음과 같은 생각을 한다.

내가 운영하는 웹사이트에 당신이 방문했다고 치자. 당신에게 웹페이지에 게재한 광고나 상품 프로모션을 보여주고 싶다. 하지만 보여줄 수 있는 광고의 숫자가 많고, 진행하는 프로모션도 많다. 그렇다면 구체적으로 어떤 광고를 당신에게 보여줘야 할까?

신상 휴대전화 광고 하나를 예로 들어보자. 전체 인구 중에서 아무 때나 휴대전화를 사려는 사람은 상대적으로 숫자가 적다(여기서는 1%라고 하자). 나는 휴대전화를 사지 않을 사람에게 휴대전화 광고를 보여주는 데 광고면을 낭비하고 싶지 않다.

그렇다면 당신이 신상 휴대전화에 관심이 있는지 어떻게 판단할 수 있을까? 당신에 대해 아는 것이 하나도 없을 때(어쨌든 방금 내 웹사이트에 접속하긴 했지만), 당신이 신상 휴대전화에 관심이 있을 확률이 전체 인구의 평균 1%인 사람보다 높거나 적다고 할 수 있을까?

편향, 베이즈 정리, 표적 마케팅

잠깐, 당신에 대해 아는 것이 있다. 어떤 브라우저로, 모바일 혹은 노트북으로 접속했는지 안다. 인터넷 트래픽으로 접속한 지역이나 도시가 어딘지도 대략 알 수 있다. 웹사이트에서 본 페이지와 무엇을 검색하고 눌렀는지도 안다.

내가 아는 일부 정보가 어쩌면 휴대전화에 관심이 있는 사람과 상관관계가 있을 가능성이 막 생겼다. 휴대전화 광고를 본 사람 중 1%가 광고를 클릭한다는 사실을 과거 데이터에서 발견했다고 해보자(전체 인구 중 평균 비중과 같다). 내 트래픽을 브라우저 유형별로 나누니 컴퓨터를 잘 아는 사람들이 쓰는 구글 크롬 브라우저 사용자 중 5%, 일반인들이 많이 쓰는 MS 에지 브라우저 사용자 중 0.1%만이 광고를 클릭한 것으로 드러났다. 광고 클릭이 크롬 사용자로 치우쳐 있다. 앞서 봤듯이 나이 든 고객이 남서부 거주자로 치우쳐 있던 시나리오처럼 말이다.

시나리오에서 사용하는 브라우저와 휴대전화 광고 클릭에 대한 2가지 통계는 독립적이지 않은 대신 함께 치우쳐 있다. 사용하는 브라우저를 아는 것이 단서다. 당신이 크롬을 사용한다면, 휴대전화 광고에 더 긍정적으로 반응하리라 결론 내릴 수 있다.

흥미롭게도 이런 상관관계는 일종의 누적 품질cumulative quality 갖는, 즉 더 많은 데이터가 축적될수록 결과가 좋아진다. 그래서 웹사이트 방문 기록, 어떤 정보로 당신이 휴대전화 구매자가 되는지 등 여러 가지 정보를 알면 당신에 대해 점점 더 확신할 수 있게 된다. 어쩌면 기술 관련 기사를 읽는 웹사이트 방문자가 휴대전화를 살 가능성이 더 높을지도 모른다. 당신이 크롬 브라우저를 사용하고 더불어 기술 관련 기사를 읽는 방문자라는 사실을 안다면, 당신은 실제로 긍정적인 잠재 고객일지도 모른다.

휴대전화 구매와 같이 무언가에 대한 확률을 추정할 때, 핵심 통계에서 한쪽으로 치우치거나 벗어난 다른 정보 조각을 더해 개선할 수 있다. 이런 개념을 베이즈 정리Bayes' theorem라고 부른다. 베이지안 분석Baysian analysis은 데이터 과학 분석에서 전반적으로 다양하게 지속적으로 사용된다. 우리가 방금 다뤘던 사례는 실제 사례다. 수많은 시스템이 웹사이트에 동시에 광고를 게재하는데, 본질적으로 베이지안 분석을 따른다.

베이즈 정리를 수학적으로 파고들 필요는 없다. 다만 눈여겨봐야 할 부분은 베이즈 정리의 핵심적인 통찰력이다. 원칙적으로 본래 추정했던 무언가 일어날 확률은 다른 정보를 관찰하며 업데이트할 수 있다. 다른 정보는 당신이 예측하고자 하는 것과 어느 정도 관계가 있거나, 서로 연결되어 있어야 한다. 앞에서 특정 브라우저 사용 정보로 휴대전화 구매자를 파악한 것처럼 말이다.

7장의 마무리

일반적으로 우리가 7장에서 살펴본 확률 기반 기술과 앞서 살펴본 예측 모형은 상당히 중복되는 부분이 있다. 혼란스럽지 않게 다시 정리해보겠다. 예를 들어 나무 모형은 인구를 예측하고자 하는 것과 관련이 있는 단위로, 체계화할 때 어떤 변수로 나눠야 하는지 결정하기 위해 사용한다(예를 들어 성실 상환자에서 부실 채무자를 골라낼 때 사용한다). 나무 모형은 실제로 베이즈 정리처럼 변수끼리 같은 유형의 관계가 있는지 바로 드러난다.

이 모든 기술을 어떻게 조합하는 것이 최선인지 학문적으로 분석하는 방법도 많다. 다행스럽게도 이런 것은 전문가들에게 의뢰할 수 있다. 어쨌든 확률을 계산하는 간단한 예행 연습을 통해 우리는 2가지를 새겨둬야 한다.

- 첫째, 서로 다른 통계를 조합할 때, 의존성 또는 독립성을 인지하고 있어야 한다. 그래야 중요한 사실을 지나치게 과대평가하거나 과소평가하지 않을 수 있다.
- 둘째, 데이터팀에 모형을 구축하라고 지시할 때 서로 다른 데이터 조각끼리 중복되거나 상관관계가 있으면, 잠재적으로 엄청난 예측력이 있음을 의식하고 있어야 한다. 그 과정에서 당신이 아는 것을 더 잘 분석하고 모르는 것은 예측할 수 있다.

다음은 〈파트 1〉의 마무리다. 어떤 종류의 모형이 실제로 구축할 만한 가치가 있는지 생각해보자.

**Chapter
8**

현실 속 데이터 과학은
어떻게 시작해야 할까?

8장에서는 기업 평가로 돌아가 우리가 수행한 데이터 분석을 점검하며
마무리할 예정이다. 데이터로 기업이 찾는 질문의 답을 구하고,
변화를 추구하며 수익을 창출할 기회를 만들어낼지도 모른다.
질문의 답을 찾기 위해 설계한 과정을 살펴보자.

지금까지 데이터 분석이 무엇인지 파악했다. 이제 우리가 구축할 수 있는 여러 가지 모형이 있다. 어떤 모형은 고객 또는 상품, 점포를 간단하게 설명하고, 또 다른 모형은 과거에 일어났던 사건을 분석하여 미래에 일어날지도 모를 일을 예측하거나 전망하려는 시도를 하기도 한다.

하지만 이렇게 간단하다면, 왜 모든 사람이 분석하지 않는 걸까? 상대적으로 고객 또는 소매업체가 보유한 정보를 실제로 전부 사용하는 경우는 거의 없다. 역사가 오래된 기업이 데이터 중심 기업이 되려고 중심축을 이동하는 것은, 특히 어려워 보인다. 그러한 기업들은 대체로 경쟁 상대인, 반짝반짝 빛나는 신생 스타트업 기업보다 한참 뒤떨어져 있다.

오래전에 설립된 기업은 데이터 중심 기업이 되고자 할 때 중대

한 장애물을 만난다. 여기서 개발한 게 아니라는 반응인 NIH증후
군^{NIH Syndrome, Not Invented Here}(배타적인 조직문화를 뜻함-옮긴이)이다. 새로운
기술을 받아들이고 통합하는 데 어려움을 겪는 것이다. 이런 문화
적 요소와 기술 도입 시 겪는 어려움 때문에 데이터 중심 기업으로
변하는 데 더 힘이 든다. 〈파트 3〉에서는 이런 리더십과 변화 관리
에 대한 주제를 철저하게 살펴볼 예정이다. 데이터 중심 기업으로
전환하는 데 성공한 기업과 그렇지 못한 기업의 사례를 살펴보고,
관리팀의 성공을 이끌어줄 도구를 구축하고자 한다.

그 전에 〈파트 1〉을 우선 마무리하자. 좀 더 넓은 관점에서 데이
터 분석을 다시 살펴봐야 한다. 데이터는 기업에 어떤 가치가 있는
가? 데이터의 비밀을 어떻게 풀어야 할까? 흔히 구축할 수 있는 데
이터 모형이 다양하다 말한다. 그렇다면 어떤 모형에 투자해야 할
까? 그 이유는? 현실에서는 어디서부터 시작해야 할까?

당기는 연습: 질문은 무엇인가?

자, 이미 우리가 알아본 것처럼 시작이 훌륭하려면 기업이 보유한
데이터에 대해, 당신이 하고자 하는 질문을 이해하고 검토해야 한
다. 실제로 이런 질문은 단순히 마케팅 커뮤니케이션에 관련된 질

문이나 고객에 대한 질문이 아니라고 배웠다. 사업 영역을 구석구석 살펴보고 사업, 유통, 채용, 교육, 고객서비스 부문 등 기업 내 더 많은 부문을 개선할 수 있게 데이터가 설계되어 있는지 의문을 가져야 한다.

어느 기업이든 확실하게 데이터 중심 기업이 되고 싶다면 시작하는 연습은 아주 중요하다. 내가 추천하는 방법은 되도록 빨리 당신의 팀과 사업을 구석구석 살피고 질문하는 연습을 하는 것이다. 변화 프로그램을 수행할 때, 직원들에게 달성하고자 하는 목표를 고취시키고 흥미를 유발하는 것보다 더 강력한 방법은 없다. 기업 내 모든 부문에 분석이 어떤 가치를 더해줄지 질문하고, 당신의 기업에 어떤 분석이 적용될 수 있는지 이 책에 나온 사례연구를 살펴보자. 그러면서 고취한 목표를 달성할 수 있는 답을 많이 찾게 될 것이다.

이미 살펴본 것처럼 기능별로 이 과정을 이끌어낼 수 있다. 다음에 나오는 표에 드러나 있다. 또 다른 강력한 기술은 '우리가 알면 좋았을 정보'를 인식하는 기술로, 고객의 여정을 구석구석 살피기 위해 세심하게 계획해야 한다.

고객이 당신 기업의 서비스에 가입하거나 결제할 때 겪는 실제 과정을 살펴보면 특이한 점을 발견할 수 있을 것이다. 고객이 어떤 시점에, 왜 구매를 포기하는가? 온라인에서 상품을 산 고객이 매장에서 상품을 산 고객보다 왜 더 자주 반품하는가? 처음부터 끝까지 그 과정을 늘어놓고 각 단계마다 "왜?"라고 물으면, 데이터에서 답을 찾는 데 도움이 될 강력한 질문을 할 수 있다.

미는 연습: 어떤 데이터를 가지고 있는가?

이렇게 사업을 점검하는 과정에서 병행해야 할 아주 중요한 연습이 있다. 어떤 데이터를 가지고 있고, 어떤 데이터가 비용-편익을 얻을 수 있는지 생각해보는 것이다. 분석 렌즈를 끼고 기업의 각 부문을 점검하면서 '당기는' 질문을 하거나 데이터 중심 사고방식을 요구하게 되면, 기업이 실제로 보유한 데이터가 무엇인지 검토할 때 '미는' 질문을 하거나 공급자 측면에서 비용-편익 등식의 반 정도를 완성할 수 있다. 기업이 보유한 데이터를 보고 "그 데이터로 어떤 쓸모 있는 일을 할 수 있을까?" 하고 질문하면, 다른 어떤 방식으로도 생각나지 않을 새로운 아이디어를 떠올릴 수 있다.

밀거나 당기는 2가지 연습은 병행해서 해야 한다. 왜냐하면 단순히 기존의 데이터를 보고 무엇을 할 수 있는지만 생각한다면, 미처 보지 못한 위험한 사각지대가 생길 수 있기 때문이다. 또 그러다가 정말 가치 있는 하기 위한 새로운 데이터 수집의 기회를 놓칠지도 모른다. 동시에 실제로 어떤 데이터를 가지고 있는지 고려하지도 않고 사업 기회만 검토하면, 헛걸음을 떼는 거나 마찬가지다. 더 심각한 것은 새로운 데이터를 수집하는 비용이 분석 후 얻을 수 있는 편익보다 클 때다.

미는 연습 어떤 데이터를 보유하고 있는가? 얻을 수 있는 데이터는 무엇인가?	당기는 연습 데이터 분석으로 편익이 있을 사업 분야는 무엇인가?
고객 (거주지, 인구통계 정보 등)	영업 및 마케팅
고객 행동 (구매한 상품, 고객서비스 상호작용 등)	고객서비스
상품 (시간 경과에 따른 판매율, 계절성, 대체로 함께 구매하는 상품 등)	구매 및 물류
점포 혹은 아울렛 (상대적인 성과, 특정 점포에서 특히 잘 팔리는 상품)	운영
직원 (판매 성과, 근태, 고객만족도 등)	인사

주의사항

이 과정에서 주의해야 할 중요한 사항이 또 있다. 당신이 싫어할 내용이니 마음의 준비를 해야 할 것이다.

▶ 사례연구

휴대전화 기업의 한 경영진이 분석팀이 처한 상황에 대해 논의를 했다. 높은 고객만족도 점수와 관련이 있는 고객의 긍정적인 모든 행동뿐 아니라, 순추천고객지수$^{\text{NPS, Net Promotor score}}$를 실제로 높이는 요인을 파악하는 데 어려움을 겪고 있다고 한다.

모형이 완성된 후 거의 완벽한, 아주 만족스러운 답이 나왔다. 고객만족도를 가장 많이 높이는 요인은 네트워크 유지범위였다. 고객은 휴대전화가 잘 터질 때 일반적으로 만족하며, 충성심이 생기고 서비스를 추천할 마음이 들었다. 반면에 고르지 못한 통신 환경을 접한 고객은 그렇지 못했다.

"아, 일종의 추측을 하면, 네트워크 유지범위를 늘리는 것은 정말 어렵고, 비용이 많이 드는 일이야. 그럼 그 목록에 네트워크 유지범위 말고 뭐가 있지?"라고 경영진이 말했다.

다음으로 고객만족도를 높이는 가장 중요한 요인은 두말할 필요도 없이 경영진이 듣고 싶지 않을 내용이다. 그래서 이런 식의 과정을 반복해서 목록의 가장 아랫부분까지 내려가니, '충성 고객에게 제공하는 보상' 항목이 나왔다. 훨씬 듣기 편하지 않은가? 그 결과 충성도 프로그램을 한없이 고쳐댔지만, 사업 전반은 전혀 나아지지 않았다. 왜냐하면 고객만족도에 영향을 미치는 훨씬 더 중요한 다른 요인들은 처리하기 너무 어려워 상자 속에 처박아 치워버렸기 때문이다.

데이터에서 고객 행동을 유발하는 요인이나 기업에 비용 대비 효율적인 요인이 무엇인지 묻는 질문을 작성했다면, 답을 들을 마음의 준비를 하자. 그것 때문에 당신이 불편할 수 있지만, 그렇다고 제대로 고민하지 않고 그 답을 묵살하지는 말자.

유용한 데이터의 특징

〈파트 2〉에서는 당신이 보유할지도 모르는 데이터의 종류와 더 많은 데이터를 수집하는 방법에 대해 자세히 다룰 것이다. 지금은 데이터 분석으로 당신의 기업을 얼마나 개선할 수 있는지 검토하고, 어떤 종류의 데이터를 활용할 수 있는지 파악하는 것이 필수적인 요소라고만 얘기해도 충분하다.

단순히 여러 가지 데이터 유형을 추상적으로 생각하는 것보다 더 중요한 것을 생각해야 한다. 데이터 중심 비즈니스에 유용하기 위해서는 특정 데이터 세트가 몇 가지 중요한 특성이 있어야 한다.

- 데이터를 정의하고 체계화할 수 있어야 한다. 다르게 말하면, 데이터는 실제로 말하고자 하는 바가 명확해야 한다. 예를 들어 당신이 옷을 판다면, 상품(또는 재고 관리 코드)마다 아마도 특정 상품ID를 부여할 것이다. 거기까지는 좋다. 만약 그 상품에 대해 색깔, 소재, 사이즈, 공급자 등의 서로 다른 정보를 그냥 상품 설명에 박아 넣으면, 모형을 구축할 때 데이터를 다루기가 정말 어려울 것이다. 당신이 파는 상품이 몇 개인지 아는 것은 좋은 일이다. 하지만 상품 중에 면 소재 티셔츠가 몇 개인지, 12 사이즈 원피스가 몇 개인지 알고 싶으면, 추가적으로 정보 조각을 명확하게 구조화해서 공통적으로 정의하고 접근할 수 있게 해야 한다.

- 데이터를 표준화할 수 있어야 한다. 고객이 하나의 시스템에서 고객 ID 숫자로 표시되고, 또 다른 시스템에서는 완전히 다른 숫자로 표시된다고 하자. 그렇다면 고객이 무엇을 하는지 살펴볼 공통적인 관점을 모으기가 어려워질 것이다. 데이터 중심 기업으로 전환할 때 대부분 기업들이 공통적으로 선행하는 프로젝트가 고객에 대한 통합된 싱글뷰single view(단일 관점)를 생성하는 것이다. 이때 종종 프로젝트를 하며 가장 어려운 부분이 각 시스템에서

나온 정보 조각을 꿰는 일이다. 그 정보 조각들은 본래 서로 잘 연결되지 않기 때문이다. 예를 들어 어떤 시스템에서 상품 구매 자로 인식한 고객은, 또 다른 시스템에서는 상품이 보기보다 어렵다며 불평하는 고객과 같은 사람이다.

- 데이터에 질문할 수 있어야 한다. 아마도 지긋지긋할 것이다. 하지만 요점은 데이터가 쓸모 있으려면 어딘가에 저장해서 당신이 질문을 던지고 의미 있는 답변을 얻을 수 있어야 한다는 것이다. 그래서 데이터베이스는 데이터를 보유할 뿐만 아니라 질문하기 쉽게 되어 있어야 하고, 식별할 수 있는 형식으로 답을 해야 한다. 이상적으로는 다른 데이터베이스의 별도 공간에 저장된 데이터와도 연결될 수 있어야 한다.

- 데이터는 안전해야 한다. 최근에 정보 보호 위반, 정보 유출, 정보 해킹 수가 증가했다. 민감한 정보가 완벽하게 회사 밖으로 유출되지 않도록 하기가 정말 어려워졌다. 하지만 그런 공격으로부터 가능한 한 안전하게 기업을 지키기 위해 할 수 있는 일도 정말 많다. 가장 좋은 방법은 사이버 안전, 데이터 안전성을 고려할 책임을 지는 것이다. 이러한 평판은 정말 중요해서 더 이상 IT 부서 직원만의 책임이 아니다.

- 데이터가 합법적이어야 한다. 마지막으로 언급했지만 제일 중요도가 낮은 것은 아니다. 데이터 보호 규정은 나라마다 상당히 다

르다. 핵심은 개인정보에 대한 우려가 증가하면서 그에 대한 반응도 엄청나다는 것이다. 데이터를 보유하는 법적 근거가 있고, 유럽연합의 '개인정보보호 규정GDPR(우리나라의 경우 '개인정보 보호법'-옮긴이)'을 따르는지 확실히 해야 한다. 또한 고객이 직접 상식적인 테스트를 할 수도 있다. 만약 기업이 특정 정보를 보유한다는 사실을 고객이 인지했을 때, 과연 괜찮다고 할 수 있을까? 최근에 흥미롭지만 일반적이지 않은 데이터들을 발굴하면서 진짜 문제에 처한 기업들이 있다. 바로 고객의 안면 인식 정보가 훌륭한 예다. 이는 법적으로 타당할지도 모르지만, 고객의 엄청난 반발을 샀다.

구조화된 질문

데이터베이스란 정확하게 무엇인가? 기술적으로 모든 것을 샅샅이 알 필요는 없다. 하지만 만약 우리가 데이터를 입력하는 곳을 대강이라도 알고서, 데이터를 확실하게 구성하고 접근 가능한 방법을 생각하다 보면 어쩌면 더 성공할 수도 있다.

데이터베이스는 데이터를 쌓아놓는 시스템이다. 특정 타입의 데이터를 저장하는 **테이블**로 나뉘는데, 각 테이블은 저장하는 정보를 기록하며 채운다. 예를 들어 고객 데이터베이스 테이블은 당연히 우리가 고객에 대해 아는 바를 기록한 정보로 구성된다.

기록을 살펴보면 **필드**가 있다. 각 필드는 그 기록을 저장하기로 선택한 행렬 중 하나다. 그래서 고객 데이터베이스는 각 고객의 기록으로 구성되고, 그 기록에는 이름, 주소 등을 저장하는 필드가 있다. 물론 기업에 따라 데이터베이스는 엄청나게 다르다. 서비스 구독이나 멤버십 기반 사업을 하는 기업은 고객이 가입한 날짜, 고객이 구독한 상품, 결제 수단 등을 저장할 것이다. 온라인 기업은 이메일 주소와 온라인 계정과 관련된 다른 정보를 저장할 것이다.

주요 개념은 데이터베이스끼리 서로 연결할 수 있다(연결해야 한다)는 것이다. 그래서 고객 데이터베이스가 고객에 대한 정보를 저장하고, 아마도 각 고객에게 참조 번호를 부여할 것이다. 별도의 상품 판매 데이터베이스에는 모든 판매 정보를 기록하고, 그중 하나의 필드에 상품을 산 고객을 저장할 것이다. 또 어쩌면 고객 데이터베이스의 참조 번호로 고객을 저장할 수도 있다.

전문 용어로 데이터베이스는 **상관관계가 있다**고 한다. 상관관계의 힘은 우리가 데이터베이스에 질문을 할 때 드러난다. 특정 데이터베이스에 연관된 다른 데이터베이스에 고객 참조 번호를 포함할 수 있다. 예를 들어 오직 고객 데이터베이스만 있다고 한다면, 영국 남부 도시 스윈던에 사는 고객 명단 전부를 요구할 수 있다. 그러나 고객 데이터베이스와 상품 판매 데이터베이스가 연결되어 있다면, 스윈던에 살면서 작년에 특정 상품을 구매한 고객 명단을 요구할 수도 있다.

또 다른 전문 용어를 주의하자. 데이터베이스에 무언가를 요구하는 질문은 **쿼리**(질의어)라고 알려져 있다. 쿼리는 아주 체계적인 프로그래밍 언어로, 우리는 쿼리를 이용해서 하나의 데이터베이스뿐만 아니라 연관되어 있는 다른 모든 데이터베이스에도 질문할 수 있다. 이를 **구조화된 질의 언어**SQL, Structured Query Language라고 부른다. 데이터베이스 박사들이 무언가를 언급할 때 SQL이라는 단어를 종종 사용하는 것을 듣게 될 것이다. 어려워할 필요는 없다. 우리의 목표를 달성하기 위해서는 데이터가 연속된 데이터베이스에 저장되고, 앞에서 다뤘듯 데이터의 기준, 즉 데이터가 잘 정의되고 잘 구성되었는지 아는 정도로 도 충분하다. 그리고 우리가 데이터베이스에 어떠한 질문도 할 수 있다는 것만 알면 충분하다.

데이터, 데이터베이스, 비용-편익 과제

기업이 보유한 데이터에 쉽게 접근할 수 있고, 데이터가 서로 연결되어야 한다는 사실은 꽤 기초적인 내용처럼 들린다. 또 그 데이터에 복잡한 질문을 할 수 있어야 한다는 것도 말이다. 만약 고객, 상품, 판매, 서비스 데이터 전부가 이런 식으로 서로 연결되어 있다고 진작에 상상했다면, 당신은 진정 창조적인 사람이 될 수 있다.

예를 들어 가장 가치가 높은 고객이 자주 구매하는 어떤 상품이 있다. 엉뚱하게도 이 상품은 품질 문제로 고객센터에 걸려오는 전화도 많다. 이 상품이 뭔지 알 수 있을까? 우리가 꼭 알아야 할, 유용한 질문처럼 들린다. 고객서비스 담당 부서는 어쩌면 이미 어떤 상품이 가장 많은 민원 전화를 유발하는지 알고 있을 것이다. 만약 특정 상품 하나가 유독 가치가 높은 고객이 사는 경향이 있다면, 문제가 뭐든 바로 잡으려고 더 각별한 주의를 기울이고 싶을지도 모른다.

그러나 슬프게도 인생이 그렇게 간단하지가 않다. 시간이 지나면서 다른 부문도 데이터 구조를 구축하지만, 여전히 서로 독립적이다. 참조 번호는 유일하지도, 표준화되지도 않고, 때때로 서로 다른 데이터베이스 기술 때문에 말이 통하지도 않는다. 결과적으로 어떤 데이터 분석 프로그램이든 초기 단계가 중요하다. 데이터를 전부 적절하게 구성하고 서로 연결해두면, 묻고 싶은 질문을 실제 쿼리로 작성할 수 있다.

하지만 어떤 데이터베이스든 꼭 완벽한 구조를 추구할 필요는 없다. 어떤 데이터 유형은 별개로 남겨 두는 것이 더 나을지도 모른다. 데이터베이스를 합치거나 싱글뷰를 갖추려면, 어떤 프로젝트든 자본의 지출과 값비싼 자원이 필요하다.

그러므로 프로젝트에 잘 접근하려면 우리가 8장 초반에 논의했던 '미는 분석'과 '당기는 분석'을 심도 있게 이용해야 한다. 답해야 할 질문이 흥미롭고 분석이 필요하다 생각한 지점에서 시작하라. 그리고 뒤로 돌아 데이터베이스에 우선 해결해야 할 문제가 있는지 확인하라.

기업을 기능별로 검토하거나 고객 여정을 분석하면서, 또는 이미 보유한 데이터가 뭔지 검토하면서 받은 영감으로 잠재적인 질문 목록을 만들었을 때, 비용-편익 기준을 덧대는 것은 항상 중요하다. 일부 질문은 답하기에 너무 비싸거나 수집하기에 너무 비쌀 수도 있다. 하지만 답변이 마음에 들지 않는다는 이유만으로 질문하지 않거나 데이터를 수집하지 않는 핑곗거리가 되어서는 안 된다.

8장의 마무리

〈파트 1〉을 마무리 지으면서 우리가 지금까지 배운 내용을 요약해보겠다.

가장 중요한 내용으로, 평균처럼 요약된 단 하나의 통계가 데이터의 가치를 거의 표현할 수 없다는 것을 배웠다. 대신에 데이터 표면 아래로 진지하게 파고들 때 가치를 찾을 수 있다. 프리미엄 상품 하나가 매출의 2%를 차지하는 것을 아는 것은 좋다. 하지만 세부적으로 들어가면 일부 점포에서는 매출의 10%를 차지한다는 것을 알게 될 수도 있다. "왜 그럴까? 나머지 점포와의 차이를 발견해서 어떤 결론을 내릴 수 있을까? 작지만 흥미로운 정보로 어떻게 수익을 창출할 수 있을까?" 이러한 질문이 실제로 데이터 중심 기업임을 나타낸다.

또한 우리는 컴퓨터 모형으로 데이터를 세부적으로 처리할 수 있다고 알게 됐다. 어떤 모형은 패턴을 찾거나 데이터를 분류해 기업에 유용한 통찰력을 제시하기도 한다. 앞서 살펴본 고객 세분화 모형과 같다. 다른 모형은 대상과 목적이 더 분명해서 역사적 데이터를 토대로 전망하거나 예측한다. 이는 분류 모형으로 고객이 어떤 행동을 하는지에 따라, 예를 들면 잠재적인 부실 채무자 집단과 성실 상환자 집단으로 나눌 수도 있다. 예측 모형의 다른 유형도 있다. 분류 모형에서 한 단계 더 나아가, 예를 들면 마케팅 메시지를 본 고객이 이탈하거나 반응할 가능성에 확률 점수를 할당하는 모형도 있다.

이렇게 똑똑한 모형을 모두 함께 연결하는 방법도 배워서, 기업 구석구석 모든 부문에 적용할 수 있다. 단지 마케팅이나 상업적 결정에만 도움이 되는 것이 아니다. 공급 관리나 창고 운영을 최적화하거나 성과가 낮거나 높은 점포 또는 다른 유형의 상품을 파악할 때 도움이 되기도 한다. 실제로 데이터 중심 사고방식을 향상시키는 경영진으로서 우리가 직면한 가장 중요한 업무 중 하나는, 기업 전반을 제대로 살펴보고, 어떤 데이터의 표면 아래를 제일 먼저 파보고 싶은지 분야별로 우선순위를 매기는 것이다.

내가 〈파트 1〉에서 사용할 수 있는 모형을 되도록 많이 보여줬기를 바란다. 기업을 위해 모형을 구축할 수 있는 전문가팀과 업무 미팅을 하거나 의뢰하는 것도 이점이 있지만, 좀 더 깊게 파고들어서 정이 안 가는 '인공신경망'이나 '통계적 유의성'이란 용어에도 익숙해졌으면 한다. 이런 용어는 전문 용어라는 가면을 쓰고 있지만, 적어도 개념적으로는 이해하기가 쉽다. 〈파트 1〉이 끝나가는 지금, 우리 모두가 훈련을 받은 데이터 과학자처럼 될 수는 없다. 하지만 데이터로 무엇을 할 수 있는지, 데이터를 이용해 상업적이고 경쟁적인 우위로 바꿀 수 있는 있는 수많은 방법을 좀 더 세밀하게 이해하게 됐다.

다음 파트에서는 다차원 모형이라는 이상한 세계보다 더 친숙한 영역으로 나아간다. 이제 우리가 운영하는 기업과 그 기업이 보유한 데이터를 살펴볼 시간이다. 스스로 데이터 중심 기업의 리더가 되어, 데이터 중심 기업을 구축하는 작업을 시작할 시간이다.

가치 있는 데이터,
어디서 찾을까?

<파트 2>에서는 기업이 보유하거나 수집할 수 있는 데이터 종류와 데이터에서 찾아낼 가치를 이해하고자 한다. 물론 시작은 고객이다. 고객생애가치를 이해하기 위해서 판매의 책임을 특정 고객 탓으로 돌릴 수도 있는 중대한 문제를 검토할 예정이다. 그런 다음, 소비자 기업이 데이터를 포착할 수 있는 몇 가지 방법과 충성도 프로그램이라는 큰 주제도 검토해보자.

후반부에서는 데이터 분석을 통해 가치를 창출할 수 있도록 재고, 점포, 그리고 다른 경영 지표를 포함한 다양한 데이터 유형을 검토하고자 한다. 마지막으로 우리는 가치를 창출할 수 있는 고객만족도와 시장점유율을 포함한 외부 데이터도 검토할 예정이다.

Chapter
9

먼저 고객부터 시작하라

9장에서는 고객 데이터에 집중해보자.
그 과정에서 기업과 개인 고객의 관계가 갖고 있는
가치를 추적하고 측정할 수 있는 힘을 살펴볼 것이다.
이는 고객 생애주기라는 중대한 주제다.

마케팅 예산의 절반을 잃었다고 가정하면서 시작해보자.

고객과 계속해서 관계를 맺는 기업, 예를 들면 통신사나 인터넷 공급업체 같은 기업은 소매업체나 숙박업체보다는 더 좋은 조건의 고객 데이터가 있다. 이런 업체는 구독 서비스를 제공하기 위해 고객이 누구인지 어디에 사는지 알아야 한다. 대신 정기적인 결제를 보장 받고 고객의 역사를 데이터에 쌓을 수 있다.

이런 기본적인 정보 외에도, 구독 서비스를 제공하는 많은 기업은 고객이 기업의 서비스를 실제로 어떻게 이용하는지 같은 세밀한 정보를 알 수 있을 것이다. 예를 들면 이동통신사는 당신이 누구와 얼마나 자주 통화하는지 알고, 휴대전화를 켜 놓는 한 어디 있는지도 알 수 있다. 이렇게 당신의 일상 정보를 아는 기업은 상당히 좋은 아이디어를 얻을 수 있다.

데이터가 풍족한 이런 유형의 기업은 데이터 과학과 데이터 분석의 힘을 다른 업종보다 훨씬 먼저 탐색하기 시작해서, 지금은 데이터 분석 능력이 상당한 수준에 올랐다. 이 책에서 이런 유형의 기업이 성취한 분석 기술 몇 가지를 살펴보고, 자신이 속한 기업에 어떻게 적용할 수 있는지 알아보자.

고객 유지에 투자하기

우리가 시작하기 전에, 한걸음 물러서서 고객 데이터가 풍부한 기업에 어떤 결과가 나타났는지 살펴보면 흥미로울 것이다. 이런 유형의 기업이 마케팅에 어떻게 시간과 돈을 투자하는지 살펴보자.

제대로 된 통신사는 마케팅 예산을 신규 고객 유치에 사용하지 않는다. 대신 이미 보유한 데이터와 통찰력으로 고객이 서비스를 더 오래 유지하거나, 매달 지출하는 금액을 더 늘릴 수 있도록 설득하려고 애쓴다. 기업 내 모든 부서가 서비스를 해지하려는 고객이 마음을 바꾸도록 설득하는 데 전념한다. 심지어 해지하지 못하도록 보상을 주기도 한다. 이런 기업은 시간과 자원을 사용해서 데이터베이스를 갈고 닦아, 가까운 미래에 해지할 고객을 예측하려고 애쓴다. 그래서 좀 더 일찍 해당 고객을 파악할 수 있다. 또한 서비스를 업그레이드할 고객을 찾을 기회도 엿보고 있을 것이다. 예를 들어 당신이 다른 사람보다 여행을 조금 더 다닌다는 것을 기업이 파악했다면, 기업이 부가적인 로밍 서비스에 대한 프로모션을 제공하리라 기대할 수 있다.

전반적으로 구독 서비스를 제공하는 수많은 기업이 기존 고객 유지와 판매 촉진 마케팅에, 적어도 신규 고객을 모집할 때만큼 지출한다. 분명 최선의 방법이다. 고객을 더 오래 유지할 때의 이익률은 대체로 신규 고객을 모집할 때보다 낫다. 고객을 더 오래 유지하는 경우 고객과의 관계를 확장하여 광범위하게 예측할 수 있지만, 신규 고객을 모집하는 경우에는 고객이 서비스를 바로 해지하거나 부실 채무자가 될 수도 있다. 그렇지 않으면 수익성이 낮은 신규 고객을 데려올 수도 있다. 악마도(혹은 고객), 모르는 악마보다 잘 아는 악마가 낫다.

신규 고객을 모집하는 데 보통 비용이 든다는 점을 고려하면 구구절절 맞는 말이다. 마케팅 예산은 브랜드의 인지도를 높이거나 매장으로 사람들을 유인할, 특가 판매에 투자해야 하는 돈일지도 모른다. 그러나 수많은 구독 서비스 기업은 비용이 훨씬 더 많이 들더라도 신규 고객에게 비싼 장비를 지원해준다. 저렴한 휴대전화나 텔레비전 아래에 있는 셋톱박스가 고객 유치 비용이다. 이런 비용을 고려하면, 기존 고객과의 관계 주기를 늘릴 때 얻는 편익이 훨씬 더 극명해진다.

그런데 만약 구독 경제 기반 기업이 아니어서 데이터베이스에 고객 데이터를 쉽게 쌓을 수 없다면? 소매업체나 숙박업체를 운영하는 경우 고객 유지 예산이 얼마나 많아야 할까? 단언컨대 이러한 기업에는 데이터가 하나도 없을 것이다. 개별 고객의 가치를 측정할 때 필수적인 데이터가 하나도 없다면, 고객 유지 비용 대비 이익률을 계산할 방법이 없다. 즉 마케팅 활동에서는 고객 데이터가 많은 기업이 가장 수익성이 높다고 여겨지므로, 전체 비용에서 마케팅은 가장 큰 부분을 차지할 가치가 있다. 하지만 데이터가 없는 기업은 거의 불가능한 얘기다.

누가 가장 가치 있는 고객일까?

다른 예를 보자. 통신사나 유료 채널 업체가 매달 가장 비싼 요금제를 쓰고 오랜 시간 그 기업을 이용한 고객이 갑자기 서비스를 해지하는 것을 알게 됐다. 무슨 조치든 취해야 한다고 생각할 것이다. 가장 가치 있는 고객이 다시는 당신 기업에서 물을 사지도, 음식을 먹지도, 숙소에 머무르지도 않겠다고 결심하고 경쟁사로 가버렸다. 심지어 그런 사실도 모를 수도 있다. 당신이 할 수 있는 일은 분명 없다. 왜냐하면 그 고객이 누구인지조차 모르기 때문이다.

이것이 데이터 중심 기업에서 가장 많이 논쟁이 되는 부분이다. 만약 고객이 무엇을 사는지 구독 서비스 기반 기업만큼 고객을 이해할 수 있다면, 지금까지 반쯤 닫혀 있던 마케팅 기회를 열기 시작한 것이다. 그렇게 고객을 이해하다 보면 기업을 데이터 중심 기업으로 전환시킬 수 있다. 불행하게도 소매업체나 숙박업체는 데이터를 수집하기가 쉽지 않으며, 모두 시간과 돈이 들 것이다. 하지만 투자 이익률은 믿을 수 없을 만큼 높을 것이다.

그래서 우리는 〈파트 2〉에서 고객 데이터에 집중할 것이다. 수집할 수 있는 데이터가 무엇인지, 어떻게 데이터 수집을 시작할 것인지 알아보자.

몇 가지 현실에 맞춰 시작해보자. 우리는 고객 데이터를 두 부분으로 생각할 수 있다. 고객 자체 데이터와 고객 행동 데이터다. 특히 고객 행동 데이터는 고객이 기업에서 무엇을 사는지에 대한 정보다.

고객 자체 데이터: 고객은 누구인가?

당장은 고객 행동 데이터를 낱낱이 보고 싶겠지만, 눈앞에 있는 것은 고객이 계산한 영수증에서 구매목록의 나열 뿐이다. 우선 고객에 대해 알 수 있는, 혹은 알고 싶은 정보에 대해 생각해보자.

• 고객 이름이 뭘까? 어떻게 연락해야 할까?

→ 이 질문의 답은 확실해 보인다. 수많은 소매 거래가 근본적으로 익명이며, 심지어 이런 기본적인 정보도 수집하기가 어렵다. 그러나 기본적인 정보 없이는 희망도 없다. 고객에게 연락하거나, 고객 유지 활동을 하며 가치를 창출하는 어떤 행위도 할 수 없기 때문이다.

• 고객은 개인인가, 가족 단위인가?

→ 많은 소매 구매 기록에서는 구매자가 개인이라고 가정할 수 있지만, 대부분의 경우 상황이 복잡하다. 부모가 자식에게 신발과 옷, 장난감을 사주고, 가족이 함께 휴가를 보내려 예약을 할 수도 있다. 또 커플이 공동으로 무언가 살 수도 있다.

때때로 어떤 집단이 구매를 한 경우도 있는데, 이때 집단 구성원에 대한 정보는 중요하다. 정보가 덜 중요한 다른 상황에서는 고객을 개인으로 간주해도 괜찮다. 하지만 누구나 선물을 고를 때 경험했듯이, 크게 고민하지 않고 그냥 고른 걸 수도 있다. 그러나 소매업체는 이러한 사실을 모르고 해당 상품이 인기 있는 줄 알고 광고를 더 많이 내보낸다.

• 고객이 사는 곳은 어디일까?

→ 이런 정보는 분명히 실질적인 사용처가 있다. 만약 고객이 온라인으로 상품을 주문했다면 말이다. 물론 다르게 사용할 수도 있다. 예를 들어 고객의 위치를 알면 고객과 가장 가까운 점포를 운영할 수 있고, 고객에게 맞춘 적절한 마케팅 메시지를 보낼 수도 있다. 또한 고객이 여행 중에 들른 점포와 생활 반경 내에 있는 점포를 지도에 표시할 수도 있다. 더 간접적으로는 <파트 1>에서 봤듯이, 각기 다른 우편번호로 인구통계학적 특징을 분석하는 것도 가능하다. 만약 고객이 어디 사는지 알게 되면 고객이 어떤 사람인지, 그래서 우리 기업에서 뭐가 필요한지 조금 더 이해하기 시작했다는 의미다.

- 우리가 알고 있는 고객과 관련된 정보는 무엇인가? 고객은 이를 기업과 공유하기로 결정했는가?

    → 만약 반려동물 상품을 판다면 반려동물이 어떤 동물인지, 품종은 뭔지, 나이는 어떻게 되는지 아는 것이 중요해 보인다. 만약 건강 보조식품이나 운동 상품을 판다면, 고객이 어떤 흥미가 있는지, 어떤 것에 선호를 보이는지 아는 것이 도움이 된다. 일반적으로 고객에 대해 더 많이 알수록, 더 나은 상품을 제공할 수 있다. <파트 1>에서 살펴본 확률처럼, 우리는 고객의 구매 흐름을 사용해 이러한 종류의 정보를 대치할 수는 있다. 하지만 고객이 직접 공유하기로 선택한(결정한) 정보는 대체할 수는 없다.

- 고객이 사용하는 결제 수단은 무엇인가?

  → 고객에 대해 수집하는 다른 부수적인 정보처럼, 결제 수단 정보의 가치는 실용적이면서 간접적이기도 하다. 예를 들면 신용카드를 사용하는 고객을 대상으로 무이자 옵션을 줄 수 있다는 점에서 실용적이고, 결제 방법 선택이 우리가 구축한 고객이탈행동모형의 예측력을 높일 수 있다는 점에서 간접적이다.

- 고객이 사용하는 소셜미디어 채널이 무엇인가? 소셜미디어 계정이 우리 브랜드와 연결되어 있는가?

- 고객서비스 이용 이력이 있는가? 고객이 과거에 민원을 제기하거나 무언가를 요구한 적이 있는가? 웹사이트의 채팅 서비스를 이용해서 질문을 하거나 기업의 페이스북 페이지에 글을 올린 적이 있는가?

고객 행동 데이터: 고객이 무슨 행동을 하는가?

이제 고객에 대해 조금 알게 됐다. 그렇다면 고객 데이터의 두 번째 측면, 구매 이력이 얼마나 중요한지 살펴보자.

- 고객이 구매한 상품과 서비스는 무엇인가?
- 고객이 상품이나 구독 서비스를 반복해서 구매하는가? 정기적이고 예측 가능한가?
- 고객이 충성도 프로그램을 이용하는가? 만약 이용한다면, 포인트는 몇 점인가? 포인트로 보상을 받거나 아직 받지 않은 다른 혜택이 있는가?
- 고객이 세일 기간에 상품을 사는 경향이 있는가? 아니면 정가에 사는가?
- 고객이 새로 나온 상품을 사는 경향이 있는가? 아니면 재고상품을 사는가?
- 고객이 이메일이나 우편 광고, 다른 마케팅 수단에 반응하는 경향이 있는가?
- 고객의 장바구니 상품에서 무언가 알 수 있는가? 특정 상품을 함께 구매하는가?
- 어떤 채널에서 상품을 구매하는가? 오프라인 점포에서 구매하는 경우, 어느 점포인가?

솔직하게 말하면 개인이나 가족 단위를 하나의 독립체로 설명하는 첫 번째 고객 자체 데이터는 대체로 정적이다. 두 번째 고객 행동 데이터는 고객과 주고받는 일련의 상호작용으로 훨씬 더 동적이다. 그 상호작용의 결과로 서비스를 변경하거나 심지어 전부 해지하는, 서류로 설명되는 고객 행동 데이터는 고객과의 관계가 진전되면서 생긴다.

데이터 모형 구축하기

앞에서 설명한 2가지 고객 데이터에서 기업과 연관이 있는 정확한 데이터 세트는 기업이 속한 업종과 파는 상품에 따라 달라질 것이다. 〈파트 1〉에서 봤듯이 당신의 팀과 가장 먼저 수행해야 하는 작업은, 어떤 정보가 고객과 고객이 한 일련의 거래를 아는 데 도움이 될지 결정하는 것이다. 데이터를 수집하는 방법이 한 가지면 좋을 텐데, 수집할 수 있는 데이터는 항상 많다. 데이터를 수집하는 것도 대체로 어렵기 때문에, 목표하는 데이터 모형을 고객과 관계를 구축하고 관리하는 데 도움을 줄 수 있는 정보로 국한시켜야 한다.

〈파트 1〉에서 우리는 데이터에 던질 수 있는 분석적 질문과 구축할 수 있는 모형을 전반적으로 살펴봤다. 이 내용을 훌륭한 필터로 삼아 전체 데이터에서 모형을 구축하는 데 없어서는 안 되는, 좋은 데이터를 구별할 수 있다.

당신의 분석 역량이 향상될수록, 데이터 모형에 대한 논의는 반복해서 해야 한다. 또한 데이터에서 창출할 수 있는 가치도 반복해서 논의해 이해할 필요가 있다. 정보가 많으면 더 나은 결과를 도출한다. 하지만 당신이 가지고 있는 일부 정보는 수집하기가 어렵고 비싸다. 실제로는 많은 가치를 창출하지 못해 포기해야 할지도 모른다.

본격적으로 데이터 모형을 추국하기 전에 개인정보보호에 대한 개념을 소개해야겠다. 후반부에서 고객 정보를 보관한다는 실질적이고 법적인 의미를 다시 논의할 예정이다. 우선은 고객 데이터 분석을 도덕적이고 윤리적인 차원에서 고려하자. 기업이 다음과 같은 메시지를 고객에게 보냈다고 상상해보자.

- 소셜미디어를 보니 당신이 주기적으로 두통 때문에 힘들어 하더군요. 그래서 생명 보험료를 높이려고 합니다.
- 음식을 1인분씩 주문하더군요. 우리가 새롭게 출시한 데이트 서비스에 가입하시겠어요?
- 당신이 동네에서 제일 옷을 많이 삽니다. 축하해요!

이런 메시지는 나름대로 각각 거슬린다. 고객 관계를 개선시키기보다 망칠 가능성이 있다. 한편으로는 웃기기도 하지만, 또 한편으로는 실제 기업이 이미 보냈거나 보내볼까 고민하는 메시지와 비숫하기도 해서 위험하다. 정보를 이용해서 고객과 지속적으로 가치 있는 관계를 구축하는 것이 데이터 중심 기업의 궁극적 목적이라면, 이 목적을 달성하기 위한 유일한 방법은 고객을 공정하게, 고객에게 이익이 되는 방식으로 대하는 것이다.

고객이 기업에 공유하기로 선택한 정보에 이 방법을 적용할 수는 있다. 또한 자신에 대한 어떤 정보를 선택해 공유할지는 궁극적으로 고객에게 달렸다. 분석에 도움이 될지도 모른다고 고객에게 거슬리는 질문을 하는 것은 전혀 가치를 창출하지 못한다. 특히 고객이 기업에 공개하겠다고 선택한 적이 없는 데이터나, 다른 정보를 근거로 얻은 고객 데이터도 마찬가지다.

모형은 고객이 X 상품 구매에 높은 관심을 보일 가능성이 있다고 하지만, 모형이 100% 정확하지는 않다. 심지어 고객이 X 상품 구매에 높은 관심을 보였다고 해도, 다음 마케팅 메시지 A와 B 사이에는 엄청난 차이가 있다.

A: X 상품을 사는 게 어때요?

B: 우리 데이터에 따르면, X 상품을 사야만 해요.

고객을 감시하는 빅 브라더^{Big Brother}를 원하는 고객은 없다.

고객 데이터 점검하기

기업의 책임이 따르는 윤리와 상식 사이에서 〈파트 2〉 첫 번째 장이 제시하는 주요 업무에 도달했다. 바로 고객 데이터를 점검하는 일이다.

9장에서 지금까지 살펴봤듯이, 다양한 분야에서 고객 그 자체와 고객이 하는 행동을 알 수 있다. 그러므로 실제로 알고 있는 정보가 무엇인지, 그 정보가 얼마나 완전한지 즉시 확인해봐야 한다.

제시된 양식으로 이 연습을 하면 2가지 차원의 감각이 생길 것이다. 첫째, 아래 쪽으로 작성된 목록은 우리가 고객에 대해 알 수도 있는 정보의 종류다. 팀과 논의하여 고객 데이터 중 당신 기업에 유용한 항목을 뽑아내야 한다. 처음부터 100% 정확하게 추출하려고 노력하지 마라. 결국 이 목록은 앞에서 살펴본 것처럼 점점 진화할 것이다. 그러나 기업의 비즈니스를 분석하기 위해 질문 유형을 생각할 때, 가장 도움이 되는 기본적인 사항을 이해하는 감각은 중요하다.

두 번째 감각도 중요하다. 도표의 가로축을 기준으로, 특정 점데이터에 대한 당신이 답이 얼마나 완전한지 평가해보자. 예를 들어 고객의 집 주소 목록을 의미 있는 정보라고 생각하여 작성했다면, 이 도표에서 당신이 보유한 정보가 있는 고객의 비중을 생각해볼

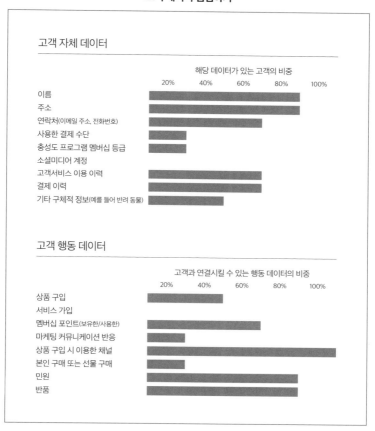

고객 데이터 점검하기

고객 자체 데이터

해당 데이터가 있는 고객의 비중

	20%	40%	60%	80%	100%

이름
주소
연락처(이메일 주소, 전화번호)
사용한 결제 수단
충성도 프로그램 멤버십 등급
소셜미디어 계정
고객서비스 이용 이력
결제 이력
기타 구체적 정보(예를 들어 반려 동물)

고객 행동 데이터

고객과 연결시킬 수 있는 행동 데이터의 비중

	20%	40%	60%	80%	100%

상품 구입
서비스 가입
멤버십 포인트(보유한/사용한)
마케팅 커뮤니케이션 반응
상품 구입 시 이용한 채널
본인 구매 또는 선물 구매
민원
반품

수 있다.

첫 번째 표는 고객 자체에 대한 정보로, 기업이 가지고 있는 특정 정보에 대한 고객의 비중이다. 두 번째 표는 고객이 하는 행동에 대한 정보인데, 측정방식이 조금 다르다. 우선은 특정 주간에 고객과 연결시킬 수 있는 거래 비중이 얼마인지 살펴보기로 하자.

예를 들어 고객이 산 상품이 중요한 정보 조각이라 생각한다면 (당신은 분명 그렇게 생각할 것이다), 특정 주간에 판매한 거래 내역 중 고객 계정에서 발생한 비중이 얼마나 될까? 나머지 거래는 당신이 인지하지 못하는 고객이 구매하거나, 고객은 알지만 특정 판매에서 고객을 인지하는 데 실패한 경우일 것이다.

특히 소매업체나 숙박업체에 이런 연습이 필요하다고 생각한다. 이 연습을 하다 보면 정신이 번쩍 들 것이다. 수많은 기업이 매년 해당 기업을 이용한 소수 고객만을 알아차릴 수 있다.

소매업체는 데이터 점검 결과에 대한 답변서 첫 줄을 아주 전형적으로 작성할 것이다. "온라인에서 구매한 고객은 전부 확인할 수 있지만, 매장에서 구매한 고객을 거의 알 수가 없다." 왜냐하면 온라인 구매 고객은 계정을 생성한 뒤 온라인에서 하는 모든 세부 행동이 기록되기 때문이다. 물론 충성도 프로그램을 운영한다면, 그 점포가 인지한 고객 수는 훨씬 더 많을지도 모른다. 그럼에도 여전히 그 숫자가 적은 것은, 요즘에는 멤버십 카드가 넘쳐나서 고객들 대부분이 가입하기를 거부하기 때문이다.

고객 데이터 부재가 극명해지는 경우가 있다. 두 번째 표에서 개별 고객과 연결시킬 수 있는 판매 거래의 비중이 얼마나 되는지 묻는 질문을 할 때다. 이러한 질문은 당신이 얼마나 많은 고객을 인지할 수 있는지와 밀접하게 관련되어 있다. 물론 수치가 정확하지는 않다. 나는 몇몇 기업에서 실제 고객과 연결된 거래 비중(심지어 이익 비중)이 고객 스스로 인지한 거래 비중보다 더 높았던 경우를 본 적이 있다. 왜냐하면 일반적으로 더 자주 더 많이 소비하는 고객은 귀찮아도 멤버십 카드에 가입하기 때문이다.

그러나 가장 놀라운 점은 '고객과 연결시킬 수 있는 거래 비중' 수치가 다양한 범위에 있다는 것이다. 이는 다른 기업과 비교할 때 알 수 있다. 나는 매장을 기반으로 한 소매업체와 일을 한 적이 있다. 이 업체는 거래의 70~80%를 인식할 수 있지만, 비슷한 업종의 다른 소매업체는 20% 미만이었다. 이 차이는 대단히 중요하다. 〈파트 1〉에서 본 여러 종류의 모형과 세분화 모형을 구축하는 능력은 데이터 보유량에 제한될 것이다. 데이터 보유량이 많은 최상위권 업체는 모형을 구축할 수 있지만, 최하위권 업체는 어쩌면 거의 불가능할 수도 있다.

고객생애가치

고객과 판매 내역을 연결할 수 없을 때, 9장 시작 부분에서 보았던 다른 고객의 상대적 가치에 대한 관점을 놓칠 수 있다. 그렇게 되면 고객 유지와 판매 촉진, 가장 가치 있는 고객을 육성하는 투자 능력을 잃을 수도 있다.

이러한 분석을 고객생애가치라고 한다. 많이 들어봤던 용어일 것이다. 계획을 수립하거나 마케팅 회의를 할 때, 어쩌면 모두가 사용했던 문구일 것이다. 우리는 고객 데이터를 점검하며 더 명확하게 고객생애가치가 무엇인지 알게 되었다. 고객생애가치는 기업과 개별 고객이 만드는 모든 거래의 합계를 의미한다.

실제로 내가 참여했던 어떤 구독 서비스 기업 프로젝트에서는 모형이 단지 숫자 3개의 곱셈이라고 농담처럼 말하곤 했다. 고객이 몇 명인지, 고객이 매달 얼마나 쓰는지, 얼마나 오랫동안 우리 기업

고객생애가치 계산법

고객 1명이 주는 '전체 생애' 이익은 고객과의 관계에서 얻는 전체 가치 중에서 핵심 요소다. 이는 3가지로 구성된다.

방문 시 얼마를 소비하는가 ✕ 매년 몇 번 방문하는가 ✕ 얼마나 오래된 고객인가

3가지 측정 항목 중 하나를 개선하면 사업에 가치가 추가되지만, 가장 중요한 핵심 고객 방문 데이터가 없으면 불가능하다.

과 함께하고 있는지 말이다. 9장에서 다룬 고객 데이터 점검으로 기업이 실제로 이런 수치를 아는지 확인해야 한다. 만약 이를 확인하지 못한다면, 고객 유지 혹은 판매 촉진 세계와 이에 뒤따르는 모든 유용한 분석으로 향하는 문은 닫히고 말 것이다.

9장의 마무리

고객 데이터 수치를 확인하지 못한다면, 우리는 무언가 다른 조치를 취해야 한다. 고객 데이터 점검 결과, 고객에 대해, 고객이 당신 기업과 맺는 거래에 대해 충분히 알지 못하고 있다면, 그 차이를 메울 수 있는 방안을 모색해야 한다. 다음 10장에서 이 방안을 알아보자.

충성도 프로그램,
그 너머를 생각하라

10장에서는 고객 데이터와 거래 데이터를 수집하는
여러 가지 방법의 장점과 단점을 알아보고자 한다.
가장 친숙한 데이터 수집 기술인 멤버십 카드도 검토해보자.

9장에서 고객이 누구인지, 개별 거래(판매, 고객서비스, 불만, 반품 등)를 개인 고객 기록과 연결시킬 수 있을 때 가치가 있다는 것을 알게 됐다.

고객 관계, 특정 고객을 다른 고객과 구별하여 지목할 수 있는 특징, 그 각각의 가치에 대한 그림을 풍부하게 갖춘 기업은 할 수 있는 게 엄청나게 많다. 〈파트 1〉에서 살펴본 모형이 그런 세세한 고객 행동 데이터에 적용된 실제 사례가 있다.

- 고객 유지 프로그램을 구축할 때는 반드시 가장 가치 있는 고객이 경쟁사로 옮겨가지 않도록, 설사 떠났더라도 다시 되찾아오는 데 집중한다.
- 고객이 기업에서 구매할 상품과 서비스를 확장하여 고객을 독려한다. 고객이 좋아할 수도 있는 새로운 상품을 찾기 위해 과

거 구매 이력을 분석하면서 말이다. 특히 이런 모형은 구축할 가치가 있다. 왜냐하면 고객과의 관계가 더 깊어질수록, 고객이 구매할 상품의 범위가 더 넓어질수록, 관계가 더 오래 유지되며 더 가치 있는 관계로 발전할 가능성이 있다고 수많은 연구에서 드러났기 때문이다.

- 예를 들어 운영 효율성을 높이려면 비성수기에도 고객이 상품을 구매할 수 있게 독려해야 한다.
- 신상품이나 새로 출시하는 상품군에 가장 관심을 가질 고객 집단을 인지한다.

그래서 일반적으로 고객이 누구인지, 고객이 언제·무엇을 사는지 알면 좋다. 모든 데이터를 똑똑하게 분석하는 것 이상으로, 고객을 알면 훨씬 더 기본적이고 근본적인, 뛰어난 고객서비스를 제공할 수 있다.

작은 기업이 가지고 있는 힘

뛰어난 소매기업에 대한 질문을 받으면, 나는 종종 규모가 작고 독립적인 소매기업을 사례로 들곤 한다. 이런 기업은 대체로 한눈에 고객층을 파악하고, 본능적으로 충성스럽고 가치 있는 고객을 알아본다. 가치 있는 고객에게 한 발자국 다가가 미소를 짓거나, 날씨 얘기를 할 수도 있다. 가치 있는 고객이 즐거운 쇼핑을 경험하고 다시 방문할 수 있도록 어떻게 해서든 기업은 할 수 있는 일을 할 것이다. 물론 모든 고객에게 이렇게 하고 싶을 것이다. 그러나 이런 행동은 자연스럽고 인간적이며 감각적인 반응으로, 점장이나 매대 판매원들은 마음속으로 가치 있는 고객을 구분해서 다르게 대한다.

기업 규모가 커질수록 우리는 이런 부분을 놓친다. 독립적인 소매업체가 성공하여 100개의 체인점을 가진 기업으로 성장하면, 이런 본질적인 가치에 집중하기가 훨씬 어렵다. 100개 점포의 점장과 판매원은 똑같이 행동하려 노력할 테지만, 규모가 큰 기업에게는 꼭 필요한 절차가 불가피하게 개입해 오히려 방해가 될 것이다. 어쩌면 규모가 큰 기업의 효율성 정책으로 직원 수가 줄어서, 직원이 개별 고객과 보내는 시간도 줄어들 것이다. 직원이 가치 있는 고객에게 한걸음 더 다가가도, 점장보다 더 적은 성과금을 받는 불가피한 상황도 발생할 것이다.

이러한 불가피한 결과로 수많은 소비자 기업이 고객 데이터의 관점에서 두 세계, 단독 사업자 세계와 규모가 큰 기업의 세계에서 모두 스스로 최악의 상황에 놓여 있음을 알게 된다. 이러한 기업들은 소규모 단독 사업자가 하는 것처럼 본능적, 개인적, 주관적으로 고객 가치를 제대로 이해하지 못한다. 또한 규모가 큰 기업처럼 탄탄한 데이터 기반의 분석 방식도 갖추지 못해 고객 가치를 이해할 수도 없다.

인터넷 전문 기업의 이점

소매업체가 인터넷 상거래만 하는 인터넷 전문 기업(오프라인 매장 없이 인터넷에서만 활동하는 기업)과 경쟁할 때 특히 엄청난 차이가 난다. 왜냐하면 고객이 자신을 인식할 정보를 주지 않고는 어떤 것도 살 수 없기 때문이다. 그래서 인터넷 전문 기업은 훌륭한 고객 데이터베이스를 가지고 화려하게 등장했다. 게다가 인터넷 상거래 업체는 대부분 지난 몇 년 사이에 등장했기 때문에, 구석기 유물 같은 오래된 기술 문제로 골머리를 앓지도 않았다. 인터넷 전문 기업은 데이터베이스가 있을 뿐만 아니라, 실제로 데이터베이스끼리 연결해 훌륭한 분석을 수행할 강력한 토대를 제공할 수도 있다.

이렇게 자사의 고객 데이터 점검으로 이와 같은 데이터 차이가 있다고 밝혀지면, 당신은 무엇을 할 수 있을까? 이에 대해 수많은 기업이 충성도 프로그램이라고 답한다.

충성도라는 환상

실제로 어느 정도까지는 충성도 프로그램이 부수적으로 고객 데이터 문제를 해결하는 역할을 한다. 지난 몇 년 동안 수많은 기업이 여러 종류의 충성도 프로그램을 실행한 첫 번째 강력한 동기는 바로 고객의 충성도를 확보하기 위해서다. 고객에게 보상을 주고, 보상을 받은 고객이 더 많이 소비하게 하면서, 브랜드가 고객 행동을 발전시키고 변화시킬 수 있다는 논리다.

이건 새로운 생각이 아니다. 소비를 독려하는 충성도 프로그램은 놀랍게도 오랜 시간 동안 존재했다. 구매할 때마다 교환권이나 카드를 나눠주고 이를 모아서 물건을 공짜로 바꾸는 제도는 18세기 이래 계속 있었다. 오늘날에도 이런 간단한 보상 프로그램은 카페나 베이커리에서 나눠주는 쿠폰카드의 형태로 반복된다. 커피를 살 때마다 도장을 찍어주고, 도장을 다 모으면 커피 1잔을 공짜로 마실 수 있다.

이런 간단한 프로그램부터 항공사 마일리지처럼 조금 더 정교한 충성도 프로그램까지, 아주 흔해서 사람들의 지갑이 여러 가지 유형의 카드로 가득 차 있다. 그렇다면 이런 프로그램이 의도한 목적대로 작동하고 있을까? 관련 논문의 요약본을 검토해보면 그 답이 조금 엇갈린다.

- 카페 멤버십 카드처럼 모아서 써버리는 프로그램은 구매 빈도를 늘리지만, 아이러니하게도 자주 구매하는 고객보다 가끔 들리는 고객에게 가장 많은 영향을 미친다.
- 충성도 프로그램의 영향을 극대화하는 방법은 고객을 덜 지루하게 하는 것이다. 깜짝 선물, 흥미로운 보상과 체계적으로 짜인 멤버십 등급, 이 모든 것이 고객의 흥미를 끈다.
- 보상을 받는 것이 가까워질수록, 프로그램의 구성원이 되면서 고객의 행동은 더 많이 변한다. 그러나 충성도 프로그램이 실제 구매 행동에 미치는 영향은 시간이 지나면서 희미해진다.
- 고객이 자사와 비슷한 경쟁 업체의 멤버십 카드도 여러 장 들고 다닌다면, 구매 행동에 미치는 영향은 더욱 희미해질 것이다.

일반적으로 기업의 충성도 프로그램이 오로지 충성도를 높이고 보상을 주면서 부가적인 이익 창출에만 집중한다면, 강력하지 못한 충성도 프로그램이 된다. 보상을 주는 비용뿐만 아니라 프로그램을 출시하고 운영하는 비용도 든다. 충성도 프로그램이 수지가 맞으려면, 이러한 모든 비용을 상쇄하고도 남는 누적 이익을 창출해야 한다.

헷갈리는 비용-편익 계산 때문에 수많은 소비자 기업이 해당 주제를 그냥 피하거나, 가장 적은 비용이 드는 카페에서 주는 도장 쿠폰 같은 충성도 프로그램을 출시해 리스크를 줄이려고 한다. 안타깝게도 이런 기업은 고객 데이터를 점검해서 얻을 수 있는 이득, 즉 충성도 프로그램에서 얻을 수 있는 진짜 편익을 놓치고 만다.

충성도 프로그램의 실제 가치

포인트를 기반으로 하는 충성도 프로그램을 더욱 정교하게 발전시켰다. 이러면서 충성도 프로그램의 실제 가치는 구매 고객의 행동을 직접적으로 변화시키기 위함이 아니라(고객 행동을 변화시킬 수 있다면 아주 좋겠지만), 기업의 판매 기록과 고객을 의미 있게 연결하는 것에 있음을 깨달았다.

고객의 손에 멤버십 카드가 쥐어지면, 고객 데이터 격차가 줄어들기 시작할 것이다. 이제 매장에서 이루어진 판매 정보를 구매 고객과 연결할 수 있을 것이다. 매장 내 거래가 눈에 보일 뿐만 아니라, 매장 구매 내역과 온라인 구매 내역과도 연결시킬 수 있게 됐다(대부분 고객은 멤버십 카드를 온라인에서도 쓰기 때문이다).

고객이 구매 채널을 넘나드는 행동을 이해하는 관점도 완전히 바뀔 수 있다. 이렇게 되면 온라인 판매 채널에서의 가장 가치 있는 고객이, 전체에서 가장 가치 있는 고객이라고 할 수는 없을 것이다.

최고의 고객은 온라인이나 매장에서 가장 많이 소비한 고객이 아니라, 두 채널에서 조금씩 소비한 고객일 수 있다. 수많은 소매업체에서 데이터 분석 프로젝트 초기에 온라인 고객에만 집중했다. 이는 사용 가능한 데이터가 온라인 고객뿐이라는 단순한 이유 때문이었다. 여기에는 어마어마한 위험이 도사리고 있다. 고객층을 그린 결과가 너무 한쪽으로 치우쳐서 기업의 다른 부분은 가치가 거의 없다고 이해하게 되는 것이다. 이런 기업에서 수행한 데이터 분석은 결국 대체로 마케팅 부서의 부속물이 되어, 그저 어떤 온라인 고객에게 어떤 이메일을 보내야 할지만 알려준다. 이렇게 되는 또 다른 이유가 있는데, 뒤에 나오는 〈파트 3〉에서 그 위험에 대해 살펴보고 어떻게 벗어날 수 있는지 알아보겠다.

충성도 프로그램: 올바른 질문과 잘못된 질문

충성도 프로그램의 진짜 가치는 특정 고객과 연결시킬 수 있는 거래 비중이 증가한다는 것이다. 어떤 충성도 프로그램을 보유해야 할지, 충성도 프로그램을 도입해야 할지 말지 결정할 때, 이 가치를 이해하는 것이 핵심이다.

초기 충성도 프로그램을 다룬 기업 사례 중 대부분이 비용-편익 분석으로, 다음과 같은 질문을 했다.

- 고객에게 보상, 할인, 다른 혜택 등 어떤 방식으로 혜택을 주어야 하는가? 충성도가 충분히 향상되는가? 그 투자에 타당한 이유가 있는가?

반면에 우리가 살펴보려고 하는 진짜 질문은 다음과 같다.

- 고객에게 보상, 할인, 다른 이익 등의 혜택을 어떤 방식으로 주어야 하는가? 고객 데이터를 얼마나 많이, 부가적으로 수집할 수 있을까? 그 데이터로 창출할 수 있는 가치는 무엇인가?

두 번째 질문이 답을 구하는 옳은 질문이지만, 평가하기는 더 어렵다. 적어도 첫 번째 질문으로는 이론상 모형으로 만들 수 있고, 지역별 파일럿 프로그램을 운영해서 시험해볼 수도 있다. 반면에 두 번째 질문은 더 미묘하고, 직접적으로 측정할 수 없는 문제를 제기한다.

첫 번째 질문이 위험한 이유는 전체적으로 잘못된 답을 도출하기 때문이다. 당신이 패션 기업을 운영한다고 상상해보자. 고객 데이터의 진짜 가치는 고객 데이터를 사용해 적절한 상품을 적절한 매장에 진열하며 고객 요구에 부응하는 것이다. 적절한 상품 종류와 사이즈를 매년 성수기 전에 진열해야 한다.

임원 회의에서 누군가 멤버십 카드를 도입하자고 발표한다. 이때 멤버십 카드 도입이 적절한 상품 종류와 사이즈를 매장에 진열하는 중대한 목적을 달성하는 데 도움이 되는지 평가하는 대신, 첫 번째 질문 같은 좀 더 쉬운 관점으로 평가한다.

첫 번째 질문 같은 관점이면, 포인트나 할인처럼 어떤 혜택을 주는 비용은 계산하기가 꽤 쉽다. 반면에 멤버십 카드가 충성도, 그다음에는 판매량을 늘릴 것이라는 증거는 기껏해야 드문드문 보일 뿐이다. 이렇게 되면 결국은 멤버십 카드를 출시하지 않거나, 멤버십 카드를 출시하되 비용이 적게 드는, 제한된 방식으로 출시하자는 결론에 이른다. 멤버십 카드를 시작하기도 전에 실패할 운명이다.

이러한 이야기가 당신이 속한 곳에만 해당된다고 걱정할 필요는 없다. 다른 기업도 다 그런다. 수많은 소매업체와 숙박업체가 잘못된 질문을 하면서 충성도 프로그램을 평가하려고 노력했다. 그리고 결국 결과적으로 잘못된 결정을 내렸다.

이제부터는 올바른 방식으로 충성도 프로그램 도입 제안을 평가해보자. 이를 위해 2가지 요소로 질문을 나누어 평가하고자 한다.

충성도 프로그램의 비용

첫 번째 요소는 비용이다. 고객이 멤버십에 가입하고 멤버십 카드를 사용하도록 독려하기 위해 우리가 제공해야 하는 혜택은, 비용이 얼마나 드는가?

틀림없이 이 질문의 답은 매우 구체적일 것이다. 고객이 어쨌든 구매할지도 모를 금액과 멤버십 카드 발급 뒤에 고객 행동 변화, 매출 총이익과 기업이 파는 여러 상품과 서비스의 수익성을 가정한 뒤 답을 낸다.

하지만 모형 구축 연습을 하고자 할 때, 10장 도입부에서 나열한 고객 행동 데이터에 적용된 실제 사례를 일부 재검토해야 한다. 엄청난 돈을 아끼게 될지도 모른다. 특히 충성도 프로그램이 재미가 있고 흥미로우며 시간이 지나면서 다양해지거나 깜짝 선물을 제공할 때, 고객이 충성도 프로그램에 참여할 가능성이 더 높다는 연구 결과를 기억하라. 충성도 프로그램을 설계하고 비용을 능가하는 모형을 구축할 때 고려해야 할 중요한 통찰이다.

▶ 사례연구

내가 예전에 검토했던 충성도 프로그램 2개 모두, 프로그램 설계가 중요하다는 것을 아주 잘 보여준다.

첫 번째는 아주 밋밋한 충성도 프로그램을 보유했던 패션 브랜드 사례다. 해당 프로그램에서 가장 눈에 띄는 특징이 있었는데, 정말 혜택이 후했다. 사실상 고객이 사용한 금액의 10%를 할인 쿠폰으로 제공했다. 10%는 다른 기업의 수많은 프로그램보다 훨씬 높은 수치지만, 해당 업체가 이룬 결과는 형편없었다. 고객 데이터 점검 관점에서, 고객을 추적할 수 있는 매장 거래 비중이 30%도 되지 않았다.

전문 소매업체가 운영했던 두 번째 프로그램과 비교해보자. 이 프로그램은 목표 고객층을 대상으로 잘 설계됐다. 소매업체가 전문 분야에 대해 열정을 보이며 전문가 의견을 구하고, 제공하는 혜택 범위는 좀 복잡하지만, 모든 사항을 고객의 관심사에 매우 적절하게 맞췄다. 그렇지만 내가 정말 뛰어나다고 생각했던 지점은 따로 있었다. 멤버십 카드를 소지해서 얻는 실제 재무적 보상의 기준치가 상대적으로 낮았던 것이다. 때때로 할인 쿠폰을 발행하지만, 첫 번째 사례에서 주는 수준의 몇 분의 일 정도도 안 된다.

처음 언뜻 봤을 때는 전문 소매업체의 충성도 프로그램이 너무 박하고, 지나치게 복잡하며, 너무 틈새 고객만 겨냥했다고 피드백을 할 생각이었다. 그런데 해당 기업은 충성도 프로그램을 이용하여 이미 매장 거래의 70% 이상을 고객과 잘 연결시키고 있었다. 내가 얼마나 놀랐는지 상상이 되는가. 충성도 또는 멤버십 프로그램이 흥미롭고 고객과 관련이 있으면서도 재미있다는 특징은, 보상 비율을 재무적으로 간단하게 계산하는 것보다 훨씬 더 중요하다.

멤버십 카드를 설계할 때 재미와 보상의 균형을 잡는 것 외에, 너무 머리를 굴리지 않는 것도 중요하다. 매장을 기반으로 한 영국의 주요 소매업체는 이런 부분에서 갈등이 생겼다. 해당 업체가 출시한 프로그램을 살펴보면, 이 문제로 고군분투하다가 꼼수를 쓰려고 한 것이 적나라하게 보였다. 고객에게 제공하는 할인 쿠폰은 이미 구매한 상품에는 적용이 안 되고, 경험해보려고 선택한 신상품에만 적용할 수 있게 했다. 재무적인 접근은 훨씬 쉬워졌다. 왜냐하면 어쨌든 고객이 소비한 금액은 그 수익성이 희석되지 않기 때문이다.

그러나 이런 옵션이 위험한 이유는 진정 원하지 않는 보상을 고객에게 주기 때문이다. 앞에서 살펴본 재미도 흥미도 하나 없이 설계한 충성도 프로그램과 이 소매업체가 출시한 '절반만 너무 똑똑한' 충성도 프로그램은 무참히 실패했다.

반면에 영국의 매장에 기반을 둔 소매업체에서 가장 성공적이고, 오래 살아남은 멤버십 카드는 드럭스토어 부츠^{Boots}의 '부츠 어드밴티지 카드'다. 부츠의 제도가 유명한 이유는 감동적이지는 않아도 멤버십 카드 중에서 실용성을 추구하는 경향이 강하기 때문이다. 부츠는 카드 소지자와 지속해서 관련이 있는, 유용한 보상을 제공한다.

충성도 프로그램을 설계하는 작업의 전반부는 특정 사업과 고객층 모두에게 재미있고 관련성이 높은 프로그램을 만드는 것이다. 물론 경쟁자가 많아 정신없는 소매업 세계에서는 특정 가치를 제공하는 것이 중요하다. 고객은 이미 지갑에 다양한 업체의 멤버십 카드를 가득 넣고 다니기 때문이다.

그러나 고객과 연관된 흥미를 유발하거나 관련 있는 혜택을 제공하지 못하고 그저 포인트만 많이 준다면, 돈만 날려 버릴 가능성이 크다.

충성도 프로그램의 편익

충성도 프로그램을 설계하는 후반부 작업에서는, 멤버십 카드를 설계하고 출시해서 홍보한 이후에 발생 가능한 이익에 대해 질문해야 한다. 일단 고객이 카드를 발급 받으면 우리 브랜드에 얼마나 이익을 창출하는가?

물론 어느 정도는 판매가 증가하는 측면에서 실제로 원금을 회수할 수 있다. 이번 장에서는 충성 고객의 소비를 증대시키기 위해 멤버십 카드를 출시하는 경우, 그 목적이 잘못됐다는 점을 명확히

하긴 했지만 말이다. 그렇다고 충성도 프로그램에 가입한 고객이 부가적으로 소비하도록 고려하지 않거나, 심지어 이를 목표로 삼지 않는 것도 어리석은 일이다. 비용-편익 분석을 할 때, 비용을 상쇄하는 요소 중 하나로 고려해야 한다.

그러나 실제 이익은 우리가 풀고자 하는 데이터와 그 데이터가 가능하게 하는 고객에 있다. 또한 그 고객을 기반으로 하는 좀 더 광범위한 사업의 가능성에 있다. 바로 이러한 점이 충성도 프로그램을 구축할 때 비용-편익 분석을 까다롭게 한다.

우리가 고객층을 더 잘 이해한다고 해서 가치를 창출할 수 있는 모든 방법을 아는 것은 아니다. 그러나 적어도 어떤 분석을 토대로 시도해볼 수는 있다. 그중 하나가 우리가 보유한 데이터를 토대로 사고 실험thought experiments을 설계하는 방법이다. 예를 들어 만약 핵심 고객층의 5%가 이익의 15%를 차지한다는 사실을 알면, 적어도 이 고객들을 유지하거나 이러한 유형의 고객을 더 유치하는 경우의 이익을 계산할 수 있다.

마찬가지로 고객 데이터가 충분해서 고객을 고객생애가치에 따른 등급으로 나눌 수 있다면, 고객이 현재 등급에서 다음 등급으로 올라갈 때 이익을 계산할 수도 있다. 부가적인 데이터를 얼마나 더 수집해야 이런 계산을 할 수 있는지 확신할 수 없지만, 적어도 당신이 구축한 사례에서 몇 가지 실험을 적용해볼 수는 있다.

충성도 프로그램의 편익은, 충성도 프로그램을 시험·사용해 볼 수 있다면 훨씬 더 쉽게 결정할 수 있다. 왜냐하면 실제로 측정할 수 있는 결과가 도출되기 때문이다. 〈파트 3〉에서는 테스트 및 학습 문화test and learn culture를 기업 전체에 적용할 때의 장점을 상세하게 논의하고자 한다. 이는 기업에 실제 적용 중인 훌륭한 사례다. 만약 직관적으로 변별할 수 있는 좋은 실험을 설계할 수 없으면, 2가지 선택지가 있다. 아이디어를 포기해서 실패할 위험도 없거나, 실험 비용이 적게 드는 방식으로 구성하는 것이다. 후자의 접근 방식은 거의 모든 성공한 기업에서 볼 수 있는 특징이다.

멤버십 카드가 유일한 답은 아니다

충성도 프로그램을 평가하거나 이미 설계된 프로그램을 재평가할 때, 충성도 프로그램의 주요 목적이 판매 데이터를 고객과 연결하는 것임을 잊지 말아야 한다. 그리고 다른 방법으로도 이 목적을 달성할 수 있음을 기억하자. 근본적으로 어떤 고객이 어떤 구매를 하는지 알아볼 방법이 필요하다.

- 가장 근본적인 방법은 고객에게 직접 누군지 묻는 것이다! 고객

이 구매한 장소에서 정보 일부를 파악하면, 고객이 멤버십 카드를 사용한 것과 같은 목적을 달성할 수 있다. 그 정보 조각은 대체로 이메일 주소다. 대부분 "이메일 주소를 알 수 있을까요? 영수증을 메일로 보내 드릴게요"라는 질문을 가장하여 데이터를 수집한다. 다른 질문으로도 고객을 인식할 수 있는데, 데이터베이스에 어떤 정보를 가지고 있는지에 따라 다르다. 예를 들면 휴대전화 번호는 개개인을 인식하는 데이터 조각이다.

- 기술이 진보하면 가상의 충성도 프로그램도 가능할 수 있다. 예를 들어 고객이 특정 브랜드에 신용카드나 체크카드를 등록하면, 고객을 인식할 때 카드 사용 내역을 전부 포함시킬 수 있다. 이런 가상 프로그램은 전달할 때 더 문제가 생기는데, 데이터 보호 규정과 제3자인 카드 제공자의 역할 때문이다. 그렇지만 이것이 가능하게 되면 고객을 인식하는 비용을 상당 부분 줄일 수 있다.

- 실제로 결제 기술의 발전은 소매업체에 훨씬 더 이득이 될지도 모른다. 예를 들어 휴대전화 사용으로 결제 수단이 비대면 결제로 넘어가면서, 고객이 쇼핑한 장소와 사용한 금액 정보를 모바일 지갑을 제공하는 업체와 공유한다. 오늘날 정보는 소매업체에게 직접적으로 공유되지 않지만, 결제 서비스는 실제로 고객에게 사전 동의한 프로그램을 완벽하게 제공할 수 있다. 고객이

사용한 금액 정보, 특히 정확한 결제 시간 정보를 포함하여 거래 기록과 결합한다면 판매 기록을 개개인과 연결하는 마법을 쓸 수 있다.

- 이와 비슷하게 전 세계의 혁신적인 소매업체는 비콘^{Beacon}(위치 정보를 전달하는 근거리 통신 기술-옮긴이) 같은 최신 기술을 사용하고 있다. 비콘 기술은 고객이 매장에 있을 때 고객의 휴대전화와 통신한다. 비콘 통신은 고객을 방해하지 않는다. 매장에 있는 와이파이를 잡을 때처럼 고객이 수동적으로 연결할 필요가 없고, 우려할 만큼 개인정보를 많이 다루지도 않는다. 일반적으로 고객은 휴대전화에 있는 애플리케이션을 실행하여, 애플리케이션이 비콘 기술로 기업에 데이터를 제공해도 되는지 동의하기만 하면 된다. 이것으로 고객이 매장에 있을 때와 계산하는 곳에 가는 시점을 파악할 수 있고, 그런 공유에 사전 동의한 고객과 커뮤니티를 구축할 수도 있다. 전체적으로는 판매 기록과 고객을 완벽하게 연결하지는 못하지만, 그럼에도 불구하고 흥미로운 정보를 제공한다.

충성도 프로그램을 대체할 수 있는 방법은 오늘날 여러 가지가 있다. 또 어떤 사람들은 결제 서비스 업체나 모바일 지갑 업체가 제공하는 이런 기술이나 서비스가 더 진화해야 한다고 요구할 것이다. 고객생애가치를 이해하려고 고민하는 기업은 익명의 거래가 많아도 이 분야에 지속적으로 관심을 기울이고 있다. 그러다가 어느 순간 값비싼 충성도 프로그램을 훌륭하게 대체할, 당신 기업에 이상적인 방법을 사용한 사례가 나올지도 모른다.

10장의 마무리

〈파트 2〉 첫 번째 장에서, 데이터 중심 기업으로 전환할 때 기업이 이뤄낼 수 있는 가장 큰 전진이 대체로 무엇인지 살펴봤다. 바로 구매 기록과 개인 고객 기록을 연결하여 고객 개개인의 가치를 이해하는 것이다.

10장에서는 이 목표를 달성할 수 있는 여러 가지 방법을 살펴봤다. 고객과 거래를 연결하는 과정에서 효율성과 비용-편익의 절묘한 균형을 잡아야 한다. 그리고 이 분야에서 선택할 수 있는 기술은 항상 진화하고 있음을 알게 됐다.

그러나 이 모든 방법을 뒷받침하는, 고객 동의라는 중요한 주제가 있다. 고객이 우리가 고객 데이터를 수집하고 있다는 것을 알고 이에 자발적으로 동의할 때만, 고객 거래 데이터를 수집하는 데 성공할 것이다. 다시 말해 이는 적절한 보상과 장려책을 제공하고, 우리가 선택한 데이터 파악 방법이 고객 사생활을 방해하지 않고 친화적이어야 함을 의미한다.

이러한 모든 것이 적절할 때, 우리는 〈파트 1〉에서 살펴봤던 강력한 데이터 분석 기술을 펼칠 수 있다. 이 기술은 고객 데이터에만 적용되지 않고, 잠재적으로 기업 내 다른 부문에서도 가치를 증대시킬 수 있다. 그래서 다음은 데이터 중심 사고방식으로 돈을 번 다른 분야를 살펴보겠다.

Chapter
11

재고, 점포, 기업 성과도
검토하라

11장에서는 고객 이외 다른 유형의 기업 데이터를 검토하자. 그리고
그 데이터에서 실현할 수 있는 가치에 대해 살펴보고자 한다.

기업 데이터 세계의 여행을 고객과 거래에 집중하면서 떠난 것은 우연이 아니다. 가치 있는 고객을 유지하고 이익을 증대하는 데 집중된 모형과 분석은 따로 설명할 필요 없이 매력적이다. 또한 이런 모형과 분석 결과 일부에 이목이 집중되어 기사로 작성되고 상을 수상하기도 했다.

그러나 기업 내 다른 많은 부문에서도 평균 그 너머를 살펴보고, 우리가 지금까지 배운 다양한 분석 기술을 적용할 때 이익을 얻을 수 있다.

▶ 사례연구

거대한 충성도 프로그램, 고객-거래 내역에 대한 데이터베이스가 거대한 슈퍼마켓을 생각해보자. 틀림없이 이 자료는 고객생애가치를 계산하고, 우리가 이미 살펴본 고객 중심의 온갖 프로젝트를 수행하는 데 필요한 훌륭한 원자료다.

이 특별한 슈퍼마켓은 이 모든 데이터로 무언가 다른 작업을 했다. 각 쇼핑 상황(대체로 장바구니로 언급되는데, 이는 당신이 어떤 시점에 산 물건들이 문자 그대로 담겨 있는 바구니이기 때문이다)은 고객에 대해서 무언가 알 수 있을 뿐만 아니라, 특정 시점에 어떤 상품을 사는지에 대한 고객의 선택을 나타내기도 한다. 이미 구입한 장바구니의 구성 목록을 여러 경우에 따라 고객별로 분석해보면, 단순한 고객 정보 그 이상을 알 수 있다.

예를 들어 고객이 선택한 상품 유형의 추세가 서서히 드러난다. 고객이 단위당 가격이 더 저렴한 대용량 패키지 상품을 사는가? 집에 들고 가기 쉽게 소포장 상품을 사는가? 어떤 지역의 사람들이 간편식을 점점 더 많이 사고 기본 재료는 거의 안 사는가? 아니면 그 반대인가? 주말에 쇼핑을 하는 경우, 주중과 비교하여 장바구니에 담긴 상품이 달라지는 경향이 있는가?

우리가 살펴본 분석 기술 전부가 이런 종류의 질문에 답을 하는 데 쓰일 수 있다. 만약 장바구니 데이터를 군집 모형이나 세분화 모형에 입력하면, 어떤 흥미로운 관찰 결과가 드러날까? 우리가 예상했던 것보다 더 자주 함께 구매한 상품을 찾을 수 있을까? 그게 어떤 의미인가?

사례연구에 나오는 슈퍼마켓은 모든 장바구니를 분석했다. 하지만 기업에 엄청나게 영향을 끼칠 다른 일도 했다. 사람들이 장바구니에 담는 상품 유형을 분석하여 소비자 트렌드를 미리 파악할 수 있었다. 모든 사람들이 떠들어대는 트렌드가 되기 전에 말이다. 트렌드를 파악해서 결과적으로 체중을 조절하는 사람을 겨냥한 간편식 상품군뿐 아니라, 유기농 상품군도 경쟁 업체보다 먼저 출시할 수 있었다. 이 2가지 카테고리는 지금은 뻔해 보인다. 하지만 데이터 분석을 활용하여 다가오는 트렌드를 가능한 한 더 빨리 파악한 결과 슈퍼마켓은 이익을 쟁취할 수 있었다.

데이터로 기업 곳곳에서 수익을 실현하다

기업 전반에 데이터 분석 기술을 활용할 수 있는 여러 가지 방법을 알아보자.

- 사람들이 어떤 상품을 사는지 같은 거시 트렌드를 이해한다(사례연구의 슈퍼마켓처럼).
  → 고객 개개인의 행동에서 더 넓은 트렌드를 뽑아내면서 새로운 상품 카테고리를 파악한다. 또는 지역에 따라 달라지는 고객의 사고방식처럼

또 다른 변화를 추적할 수 있다.

- 점포마다 구비할 적절한 상품, 재고의 적정량을 파악하기 위한 모형을 구축한다(패션 소매업체는 적절한 사이즈가 중요하다).
  → 소매업체의 재고 할당 과정에서 제시된 숫자는 놀랍게도 여전히 기업이 축적한 여러 종류의 기억으로 요약된다. 다음 사례연구에서 살펴보자.

- 고객센터로 들어오는 전화, 매장에 들어오는 고객 수, 웹사이트 방문자 수처럼 무언가에 대한 수요 최고치를 예측한다.
  → 정확한 수요 예측 모형을 사용하여 각각의 경우에 비용 측면에서 가능한 한 가장 효과적인 방법으로 자원을 배분할 수 있다. 예를 들어 전화를 받는 고객센터 직원을 적절한 수로 배분할 수 있다.

- 쇼핑센터나 백화점 경영자는 매장 면적을 적절하게 배분하는 모형을 구축한다. 할인 중인 다양한 브랜드나 상품 카테고리를 배치할 수 있다.

- 배달 사업을 크게 하는 기업은 배달할 때 최적 경로, 각 화물차에 주문된 상품을 실을 때 최적의 조합을 알려주는 모형을 구축한다. 효과적이면서도 저렴한 비용으로 배달을 할 수 있다.

- 여러 상품의 고장률이나 불만 비중을 예측하는 모형을 구축한 다. 특정 문제를 야기하는 상품을 인식하거나, 심지어 '같은 시기에 제작된 불량 상품이 대량으로 동시에' 고객에게 큰 문제가 되기 전에 인식할 수 있다.

아마도 당신은 관리팀과 함께 이런 사례를 많이 떠올릴 수 있을 것이다. 이 목록을 고객생애가치^{CLV}/고객 이탈/부실 채무/특정 상품 구매 가능성 등을 바탕으로 구축할 수 있는 모형에 추가해보자. 그러면 사업이 되는 부분이 거의 없고, 관리팀이 활약할 부분도 없으며, 데이터 중심적인 접근 방식으로 이익을 얻을 가능성도 거의 없다는 것이 드러날 것이다.

▶ 사례연구

데이터 중심 소매업체에게 상품 범위를 매장별로 최적화하는 것은 매우 중요하다. 소매업체에게 재고는 근본적으로 기업에 묶인 돈이라는 것을 알기 때문에, 수익을 낼 수 있는 상품만 매장에 들여놓는 것이 아주 중요하다.

소매업체는 보통 다양한 시스템을 사용하여 적절한 상품을 알맞은 매장에 적시에 진열할 수 있도록 한다. 이런 시스템은 꽤 정교한 결과부터 '이 상품은 보통 매년 이 시기에 저 정도가 필요하다'

는 정도까지, 즉 기업의 직관적인 기억이기도 하다.

그 결과가 때때로 완벽하지 않은 것은 놀라운 일이 아니다. 영국 소매기업 막스앤스펜서Marks & Spencer를 예로 들면, 겨울에 판매 이익이 실망스러운 이유로 물류 문제를 들었다. 즉 주요 의류 코너에 적절한 사이즈가 필요한 때에 없었기 때문이다.

수많은 소매업체가 '평균은 항상 틀리다'는 교훈을 뼈저리게 배우는데, 바로 처음으로 데이터에 기초해 재고 수준을 맞출 때 알게 된다. 그들이 알고 있던 합리적인 전사 평균 재고 회전율 수치가, 몇 년 동안 매장에 진열된 채로 그저 운전자본을 묶어 놓고 먼지만 쌓여가는 상품의 꼬리를 실제로 숨겨왔기 때문이다.

식품 소매업체 한 곳은 이런 문제를 해결하기 위해 혁신적으로 몇 가지 다른 기술을 조합하여 접근했다. 이 업체는 훌륭한 멤버십 카드 데이터를 보유하고 있어서, 고객이 특정 매장에서 산 장바구니 품목을 알 수 있었다. 업체는 이 데이터로 간단한 종합 모형을 구축하는 대신, 직접 매장을 여러 유형으로 나누는 세분화 연습을 실행했다. 예를 들어 일 끝나고 집으로 가는 고객이 주로 들리는 매장과 지역에 기반을 둔 고객층이 가는 매장으로 나눴다. 이렇게 매장 유형을 나누고(세분화 분석은 비지도 방식이어서, 발견한 패턴을 규정하지 않는다), 세그먼트(세분화된 집단)별로 재고 할당 예측 모형을 구축하니 전반적인 분석 결과가 풍성해지고 수익성은 더욱 높아졌다.

▶ 사례연구

DIY 소매업체 한 곳은 적정한 재고 수준 모형을 구축할 때 정말로 흥미로운 접근 방식을 취했다. 매장마다 요구 수준을 분석하는 모형도 역사적 데이터와 매장의 접근 반경에 기초하여 구축하기로 한 것이다. 또한 최소 프로젝트 수$^{minimum\ project\ quantity}$라는 개념을 생각해냈다. 예를 들어 일반적으로 욕실을 칠하는 데 드는 페인트 수량보다 특정 색깔 페인트만 재고를 덜 갖추는 것이 그렇다.

이러한 고객 기반 작은 통찰이 소매업체가 구축한 최적 재고 모형의 결과를 바꿨다(고객 기반 통찰은 다음 장에서 더 자세하게 살펴볼 예정이다). 해당 업체는 아이템 대부분의 최소 수량 기준이 더 높아야 한다는 것을 깨달았다. 그래서 그 재고 수준을 유지하기 위해 보유하는 상품의 범위를 좁힐 필요가 있다고 확신했다. 이 자체가 매력적인 모형 구축 연습인 것이다.

여백의 힘

데이터로 모형을 구축할 수 있는 사업이 있는지 살펴볼 때, 또 다른 사항도 조사해야 한다. 바로 사람들이 사지 않는 상품과 팔리지 않는 재고 상품에 대한 데이터다. 예술가가 작업을 할 때 여백, 즉 대상 간의 간격을 고려하는 것처럼 우리도 일부 데이터 흐름을 기업의 여백처럼 평가할 수 있다.

이에 대한 예시가 사람들이 살까 고민은 했지만 궁극적으로 사지 않은 상품의 데이터다. 표면적으로는 고객에게 매력적인 상품이지만, 집어 들고 계속 보다 보니 궁극적으로 실제 판매로 전환되지 않았다. 만약 전체 상품 중 이런 유형의 상품을 안다면, 유용한 몇 가지 사항을 알 수 있다(아마도 의류 소매 매장에서는 옷걸이에 걸려 있는 옷이 멋져 보이지만 만져보고 싶지는 않은 옷, 그래서 사지 않고 선반에 다시 올려놓는 옷일 거다).

이 여백을 어떻게 측정할 수 있을까?

웹사이트의 상품 중 고객이 구경만 하고 사지 않은 상품을 살펴보는 것이 해당 사례이다. 어떤 상품을 고객이 클릭해서 얼마나 오래 고민하는지, 리뷰를 읽고 심지어 장바구니에 담았지만 끝내는 구매하지 않은 상품을 알 수 있다. 그 정보의 흐름으로 웹사이트의 유용성(상품 사진이 충분히 괜찮은가?), 보유한 상품의 범위(상품을 선택했다가 특정 사이즈 혹은 특정 색깔이 없어서 구매를 포기했는가?), 그리고 정가와 경쟁사 가격비교 등 유용한 사항을 알 수 있다.

실제로 웹사이트 상에서 경쟁사와 비교하는 것은 그 자체로 매력적이고 잠재력 있는 원시 데이터다. 기술이 점점 발전해 경쟁사가 기준 가격을 변경하는지, 심지어 특정 상품의 재고가 떨어졌는지 계속 추적할 수 있다. 2가지 상황 모두 이윤을 낼 수 있는 절호의 기회다.

그러나 전에 살펴보았듯, 웹데이터가 이용하기 쉽다고 단순하게 너무 자세히 분석하면 기업이 잘못된 방향을 취할 수 있다. 예를 들면 웹데이터는 그 옷이 촉감 테스트에서 떨어졌다고 알려줄 수가 없지만, 반품 데이터는 이를 알려줄 수 있다. 이러한 반품 데이터가 흥미로운 여백 정보의 또 다른 예다.

고객이 어떤 상품을 고민하다가 사지 않는지 정말 알기 위해서는 웹데이터와 병행하여 매장 정보가 필요하다. 하지만 어떤 옷을 입어보고 매장에서 구매하지 않았는지 어떻게 알 수 있을까?

기술이 이러한 질문에 답할지도 모른다. 유니클로 같은 점포는 작은 RFID 태그를 모든 옷의 가격표 옆에 부착하여 사용하고 있다. 이 태그를 점포 내 센서가 탐지하여 추적할 수 있다. 개별 옷마다 붙은 RFID 태그는 무수한 방식으로 사용될 수 있다. 가장 명확한 사례는 계산대에 쌓인 옷의 표면을 훑으면 가격이 자동적으로 계산대에 뜨는 방식이다. 이는 개별 상품 바코드를 하나씩 찍는 것보다 훨씬 빨리 처리할 수 있다.

한편 우리 목적에 부합하는 RFID 태그 관련 기술은 여백 정보를 얻는 또 다른 출처가 된다. 탈의실로 들고 가는 옷을 추적해 그 옷을 바로 구매했는지를 해당 옷 정보와 연결시킬 수 있다. 고객 행동에 대한 흥미로운 통찰이다.

이런 기술 적용 사례도 우리가 앞서 살펴봤다. 규모가 큰 소매업체도 이러한 기술로 개인 부티크 같은 느낌이 들게 할 수 있다. 그러면 관리자는 개인 부티크 운영자처럼 고객이 입어보고 사지 않는 상품을 본능적으로 빠르게 이해할 수 있게 된다.

11장의 마무리

11장에서는 고객과 거래 내역을 넘어 재고·매장 데이터 가치를 살펴보았다. 또한 고객이 구매하지 않는 상품에 대한 여백 데이터도 함께 알아보았다.

이제 우리가 살펴봐야 할 데이터가 하나 남았다. 12장에서는 기업 밖에서 얻는 데이터의 가치를 검토해보자.

기업 밖에서 보는 관점의
데이터도 검토하라

12장에서는 기업 밖에 있는 데이터를 찾아보고자 한다.
우선 외부 고객의 통찰을 수집하고, 가장 강력한
외부 평가 중 하나인 시장점유율 보고서를 살펴보자.

'왜?'라는 질문의 힘

당신은 왜 그 가게에서 물건을 사나요? 그 가게를 가장 많이 가나요? 당신은 왜 그 식당에서 외식을 하나요? 단골 고객으로 대우해 주나요?

이런 질문에는 합리적인 사람이 생각할 수 있는 답변이 많다. 우리가 지불하는 돈의 대가로 무엇을 얻는가? 상품이나 식사의 품질이 좋은가? 돈에 상당하는 만족스러운 가치가 있는가?

이 모든 합리적인 평가는 답변의 일부일 뿐이다. 우리는 쇼핑하거나 먹는 장소를 선택하는데, 이런 장소에서 어떤 감정을 느끼는지에 따라 그 선택이 달라진다. 늘 웃는 얼굴로 서비스를 제공하는가? 나와 같은 사람들을 위해 설계된 환경처럼 보이는가? 나와 생각이 비슷한 사람들(일하는 사람, 다른 고객 두 경우 모두를 포함한다) 사이에 있다고 느끼는가? 문제가 생기면 돌봐줄, 문제를 해결해줄 수 있는 장소처럼 보이는가?

모든 질문은 고객의 결정에서 감정적인 요소를 주목한다. 함께 일했던 동료가 '머리, 마음 그리고 손'이라는 문구를 만들어냈다. 특정 브랜드의 고객이 되기로 선택한 이유를 파악하기 위해서다. 이러한 의사결정에는 3가지 주요한 요소가 있다.

- 머리: 무엇을 살지 주관적인 결정을 한다. 우리가 사려는 상품이 살 수 있는 최고의 상품인가? 경쟁사 제품과 비교해서 어떠한가? 이 상품으로 욕구가 충족될까?
- 마음: 방금 살펴봤듯이 의사결정에는 감정적인 요소도 있다.
- 손: 돈에 상당하는 가치를 지니는지, 사려는 상품이 무엇인지, 누가 만든·파는 상품인지를 고려한 우리의 경제적 선택이 손에 해당된다. 단위 비용을 줄이기 위해 대용량 상품을 사는 게 가치가 있을까? 사용기한 전에 상품을 다 쓸 수 있을까?

이를 보면 머리와 손은 의사결정 과정의 합리적인 요소인 반면, 마음은 감정을 대표한다는 사실을 알 수 있다.

소비자 기업이나 브랜드는 신규 고객이나 이익 성장을 조사할 때 이 모든 요소를 고려해야 한다. 예를 들어 소매업체의 전반적인 성공 등식에서 주요한 부분은 틀림없이 매장에 적절한 상품을, 적절한 가격에 들여놓는 것이다. 만약 매장이 지저분하며 어둡고, 매장에서 일하기 싫고, 고객에게 시간을 내고 싶지도 않은 직원들로 붐빈다면, 이 합리적인 요소들은 무의미해진다.

통찰과 분석

감정적인 요소가 데이터 중심 기업을 향하는 우리의 여정과 무슨 관련이 있을까?

고객이 당신의 브랜드와 맺은 복잡한 관계를 이해하면, 전체적으로 우리가 발굴할 수 있는 데이터의 새로운 단계를 열 수 있다. 브랜드에 대한 고객의 감정이 기업이 성공하는 데 엄청난 차이를 만든다면, 반드시 그 감정을 측정해야 한다.

감정을 측정하는 업계가 있고, 어쩌면 감정 측정 방법의 장단점을 작성한 책이 있을지도 모른다. 어쨌든 기업이 고객의 태도에서 유용한 데이터를 만드는 방법은 다음과 같다.

• 고객만족도 조사: 몇십 년 동안 브랜드에서 고객에게 "오늘 받으

신 서비스에 얼마나 만족하시나요?" 같은 질문을 하고 그 답을 기록해왔다. 간단하게 점데이터 세트를 생성할 수 있는 방법이지만, 이 방법에도 논란은 있다. 정확히 언제, 어떻게, 이 질문을 할지 토론하다가 난장판이 되고 만다. 실제로 방법을 바꾸면 고객만족도 결과 점수가 상당히 많이 바뀔 수 있다는 증거도 있다. 계속해서 보게 될 테지만, 이런 결과가 실제로 얼마나 의미 있는지 의문을 가질 근거도 있다. 우리가 정말 정직하게, 편향되지 않은 관점으로 답을 하는가? 아니면 단지 충분히 예의를 차려서 모두에게 10점 만점 중 7~8점을 주고 넘어가는가?

• 순추천고객지수[NPS]: 고객 태도 측정에 관심을 갖고 사용성을 좀 더 늘리려고 나타난 측정방법 중 하나인 NPS[Net Promoter Score]는 살짝 더 예리한 질문을 한다. 만족도 조사가 아니라 "친구에게 이 브랜드를 추천하시겠습니까?" 라는 질문을 할지도 모른다. 이 조사는 예의 있게 응답한 7~8점 점수를 버리고 9~10점 점수를 추천으로, 1~6점 사이의 점수를 비추천으로 다룬다. NPS 점수는 단순하게, 추천 비중에서 비추천 비중을 빼면 된다. 이렇게 하면 마이너스[-] 100%에서 플러스[+] 100% 범위의 점수가 나온다. NPS를 고안한 의도는 그 가치를 인정받아 폭넓게 적용되었지만, 그 또한 계량법에 어느 정도 논란이 있다. 많은 경우 NPS가 부정하게 사용되기도 했다. 판매 사원이나 서비스 엔

지니어가 설문조사에서 9점이나 10점을 받는 것이 중요하고, 이 결과가 '월급에 영향을 줄 수 있다'고 고객에게 일장 연설을 하기도 한다. 측정 방법으로써 NPS는 매우 취약하다. 질문에 약간의 변화가 있거나 측정 시기가 달라지면, NPS 점수가 꽤 많이 바뀔 수 있다.

- 다른 측정방법: 전체 만족도 점수보다는 "오늘 구매하려던 상품은 찾았나요?" 같은 좀 더 구체적인 질문을 할 수도 있다.

굿하트의 법칙을 주의하라

결국 고객의 머릿속에서 무슨 일이 일어나는지 측정하려는 어떤 시도도 완벽할 수는 없을 것이다. 설계가 가장 잘된 측정법인, 앞서 살펴본 NPS조차 굿하트의 법칙Goodhart's law에 시달린다. 굿하트의 법칙은 '측정이 목표가 되면, 더 이상 좋은 측정을 할 수 없다'는 뜻이다. NPS 사례에서, 분명 측정 대상이 되는 영업팀이 어떻게 이점을 취하는지 살펴봤다. 고객에게 다가올 질문의 중요성을 사전 안내하고, 설문조사를 할 고객을 선택하거나 하루 중 언제 설문조사를 시작할지 결정하는, 이런 종류의 부정한 사례가 많이 일어난다.

이렇게 고객 태도를 측정하는 일부 측정법이 근본적으로 취약하고 부정하게 사용되어도, 실제로 이런 측정법은 기업에 가치 있는 부가적인 데이터 출처가 될 수 있다.

취약성 문제는 일관성을 통해 완화될 수 있다. 판매 과정에서 같은 시점에, 같은 방식으로, 같은 질문을 해서 점데이터 세트를 구축하면 된다. 그러면 측정 방법이 변해도 그 결과가 흔들리지 않는, 적어도 일정 수준의 신뢰도를 확보할 수 있다.

부정 사용 문제는 훨씬 더 다루기가 힘들지만, 대놓고 이 측정을 직접적인 목표로 삼지 않으면 이러한 문제는 줄어들 수 있다. 예를 들어 만약 매장 한 곳에서만 구매한 고객들이 준 NPS 점수를 정기적으로 측정하면, 훨씬 더 믿을 수 있고 부정 사용도 줄어들 것이다. '지난주 NPS 점수'로 매장 한 곳을 직접 포상하지 않는다면 말이다.

왜 모두 고객만족도를 측정하는가?

그렇다고 고객만족도 측정이 직접적인 이점이 없다고 말하는 것은 아니다. 단지 멤버십 카드가 일부 고객의 구매 행동에 변화를 이끌어내는 것처럼, 고객만족도 측정도 기업이 점수를 향상시키기 위해 적절한 조치를 취하도록 이끈다.

내가 조직 전체에 거쳐 NPS를 측정했던 사례가 있다. 해당 조직은 창의적인 부정 사용 행태를 서로서로 비난하기 시작했다. 그러나 결국 NPS의 진가가 드러났다. 우선 데이터의 흐름이 개선됐다. 그 뿐만 아니라 고객 태도를 조장하는 것이 무엇인지에 대한 토론에 조직이 참여하면서 그 가치가 입증되었다. 이 논의에서 NPS 점수를 잘 받으려는 조직원의 행동보다 NPS의 이점이 훨씬 더 중요하게 드러났다.

이러한 이유가 아니라도 고객만족도를 측정해야 하는 진짜 이유는, 지금까지 이 책을 읽으면서 분명하게 확인했을 것이다. 데이터 중심 기업을 구축하기 위해 수집하는 데이터는 그 자체로 엄청난 가치가 있다는 점이다. 충성도 프로그램의 이점은 고객의 충성심을 고양시켜 추가적인 이익을 생성하는 것이 아니라, 데이터를 수집할 수 있도록 해주는 수단이라는 것을 앞서 살펴보았다.

마찬가지로 고객만족도의 간접 이익은 직접 이익을 능가한다. 탄탄하고 일관성 있는 고객 태도 설문조사로 수집한 데이터는 기업에 엄청난 가치를 갖는다.

갖가지 고객 태도 데이터가 우리의 점데이터 세트에 어떤 가치를 더해주는가? 자, 〈파트 1〉에서 살펴본 모형 구축 기술을 지금 사용할 수 있다. 고객 태도 데이터뿐만 아니라 다른 데이터와 어떤 상관관계, 어떤 연결고리가 있는지 확인할 때 말이다.

- 매장의 재고 전환 속도와 NPS 점수가 관계가 있을까?

- 더 자주 구매하는 사람과 더 충성스러운 고객이 높은 만족도를 보일까? 만족도가 구매 빈도에 영향을 미치는지, 혹은 그 반대인지 어떤 결론을 내릴 수 있을까?

- 기업이 파는 상품이나 서비스로 고객 태도 점수가 더 높아지거나 더 낮아질까? 만약 그렇다면 어떻게 대처해야 할까?

- 서비스의 어떤 측면이 실제로 만족도나 추천도를 높이는가?
  → 일부 소매업체는 분명 놀랄 만한 결과를 발견했다. 고객이 상품이나 서비스를 추천하는 가장 강력한 동기는 고객이 매장에 들어온 순간, 직원이 반갑게 고객을 맞이했는지 여부다. 이는 모든 방문객과 관계를 설정하는 장치framing device로 정말 중요하며, 고객이 또 기억하고 고마워하는 부분으로 드러났다. 표적집단면접focus group에 참여한 고객은 돈에 대한 가치, 상품을 수월하게 찾았는지 같은 내용을 많이 말하는 경향이 있는데, 실제로는 첫인상인 환영 인사보다 덜 중요한 것으로 드러났다.

물론 이런 방식의 태도 데이터를 사용할 때 중요한 주의사항이 몇 가지 있다. 〈파트 1〉에서 봤던 통계적 유의성과 같은 모든 고려사항을 여기에도 적용해야 한다. 다른 데이터 세트처럼 평균 수치를 경계하고 세부사항으로 들어가야 한다. 만약 고객의 90%가 10점 중 9점을 준다면 축하 파티를 열 이유가 생긴 것일 수도 있다. 하지만 나머지 10% 고객이 10점 중 1점을 준다면, 파티의 흥이 돋기도 전에 축하할 이유가 사라질 것이다.

다시 생존자 편향으로 돌아가서

이런 유형의 데이터에 특히 주의해야 할 사항이 있다. 무언가를 측정할 때, 표본으로 사용하는 고객을 고르는 데 매우 신중해야 한다는 것이다. 심각한 질병으로 약을 먹었던 사람들 100%가 생존했다면 좋겠지만, 살아남은 사람만 설문조사에 답했다면 그 접근 방식은 분명 결함이 있는 것이다. 약을 먹었지만 살아남지 못한 사람은 제외되었는데, 이는 자기만족에 불과하다.

생존자 편향은 〈파트 1〉에서 이미 살펴봤던 주제다. 비록 앞의 사례가 어리석게 들리겠지만, 안타깝게도 기업은 이런 실수를 수십 번씩 한다. 방금까지도 얘기했던 고객만족도나 NPS 점수는 당신 기업에서 쇼핑한 사람들을 대상으로 한 설문조사지, 아무 거래도 없는 사람이 참여한 설문조사 결과가 아니다. 다만 그 결과가 의미가 없다는 것이 아니다. 다만 그 결과를 해석하는 데 주의를 기울일 필요가 있다는 뜻이다.

항공사의 설문조사와 관련해서 엄청난 이야기가 있다. 어떤 항공사가 미국에서 특정 항로를 비행한 사람 중 84%가 해당 항공사를 선호한다는 설문조사 결과를 발표했다. 숫자만 보면 대단한 결과였다. 단, 그 설문조사가 해당 항공사 비행기 안에서 수행한 것이고, 다른 항공사를 선택한 사람은 설문조사에 참여할 수도 없었다는 것을 제외하면 그렇다. 또한 실제로는 그 비행기에 탄 16%의 고객이 다른 항공사를 타고 싶어 했다는 사실이 드러났다. 이러한 것을 보면 썩 좋은 수치는 아니다.

이런 것을 보면 데이터의 평균을 파헤치는 것이 중요한 만큼, 보유하지 않은 데이터를 고려하고 만족률 90%가 사실인지 검토해봐야 한다. 왜냐하면 어쩌면 만족하지 못한 고객은 이미 당신 기업을 떠나 다른 기업으로 옮겨갔을지도 모르기 때문이다.

시장점유율의 힘

생존자 편향을 고려하면, 우리 기업에서 사지 않은 사람들에 대해 생각해보게 된다. 이는 데이터 중심 기업에 더 많은 가치를 더하는,

또 다른 풍부한 외부 데이터인 시장점유율을 가리킨다.

기업의 핵심성과지표^{KPI}인 시장점유율은 무척 자극적이다. '지난해 달성한 것보다 조금 더 하자'며 살짝 방향을 잃었던 목표가 '경쟁자로부터 사업을 뺏어오자'는 아주 강력한 목표로 변하기도 한다. 일반적으로 시장점유율이나 시장 규모 같은 외부 KPI를 사용하면, 영업 회의에서 어떤 조치를 할지 논의하며 현저하게 더 나은 대화로 이어질 수 있다. 또한 이런 논의를 하며 좀 더 조직적인 차원에서 시장에 통하는 조치와 통하지 않는 조치에 대한 학습이 이루어질 수 있다.

높은 수준의 단일 KPI인 시장점유율은 전반적인 전략 측면에서 유용할 수 있지만, 데이터 중심 사고방식에 대변혁이 일어나지는 않는다. 다른 정보와 시장점유율을 연관 지으려는 모형을 구축할 수 있다(상품 출시/입수 가능성, 평균적으로 기다리는 시간 또는 NPS가 시장점유율을 높이는 요인으로 보이는가?). 하지만 이 모형으로 모든 것을 할 수는 없다.

시장점유율 데이터의 유용성은 그 데이터를 하나의 KPI에서 더 세부적인 KPI로 분해할 때 나온다. 상품 유형에 따라 지역 또는 심지어 개별 매장별로, 식당이나 다른 지역 시장에 따라 시장점유율을 나눌 수 있는가? 시장점유율을 세부적으로 나누는 능력은 업종에 따라 매우 달라질 것이다. 어떤 산업은 해당 산업 협회나 다른 출처에서 지역 정보를 많이 이용할 수 있는 반면, 어떤 산업은 정보를 얻기가 훨씬 더 어렵다. 어떤 정보를 얻든지 2가지 측면에서 대단히 가치가 있다.

1. 동기 부여 도구다. 내가 아는 소매업체는 시장 조사에 매년 투자를 한다. 연중 시장점유율과 NPS를 전국의 경쟁 매장과 비교하여 여러 번 조사했다. 각 지점에 시장점유율이 어느 수준인지 알려주는 게 가능했다는 의미다. 업종 내에서 어떤 일반적인 측정치와 경쟁하는 것이 아니라, 매장이 위치한 번화가의 다른 매장과 실제로 겨룰 수 있었다. 이로써 기업에 엄청난 동기부여가 된다고 증명됐다.

2. 우리가 하는 이 데이터 모험에서는 외부 정보가 세세할수록 더 흥미로운 모형을 구축할 수 있다. 시장점유율이 동네마다 다르다면, 그 차이를 어떻게 설명할 수 있을까? 소매업체가 늘 하듯이, '그 매장이 우리 매장보다 위치가 더 낫지'라며 차이를 전부 매장 위치로 설명하려 들지도 모른다. 하지만 이게 사실일까? 적절한 상품을 재고로 갖추고, 적절한 시각에 매장을 열거나, 적절한 품질의 서비스를 제공하는, 그 모든 것이 동네별 분석에서 더 큰 비중을 차지하는 요소일지도 모른다. 데이터는 답을 말해줄 수 있다. 동네 한 곳이 아니라 전 지역에 걸쳐, 영업 전략을 근본적으로 바꿔야 한다고 말이다.

12장의 마무리

12장에서 우리가 살펴본 것은 기업 밖에서 데이터를 생성하는 방식이다. 이미 보유한 내부 데이터의 출처를 다양하게 할 수 있는 강력한 방식이다. 게다가 이 연습은 자체적으로 변형이 가능하며, 전사적으로 대화의 내용을 바꿀 수도 있다. 절차나 상품처럼 기업 내부에 집중하다가, 고객과 지역 내 경쟁 업체에 대한 기업 외부로 관심을 옮겨갈 수 있다. 또한 당신이 이미 하고 있는 일을 그저 최적화하기보다 시장 전반에서 알게 된 사실에 기초하여 전략을 수정하고, 새로운 모형과 분석을 떠올릴 수도 있다.

〈파트 2〉에서 모형을 구축하는 데 필요할지도 모를 데이터를 살펴보았다. 어디서 그 정보를 얻을 수 있고 우리 기업에 어떤 함의가 있는지를 말이다. 〈파트 1〉에서 본 분석 역량을 향상시키고, 〈파트 2〉에서 발견한 데이터를 이용할 수 있으면, 아마도 당신 기업에 틀림없이 대변혁이 일어날 것이다.

그렇다면 이제부터는 어떻게 대변혁을 일으키는지가 과제다. 당신 기업이 데이터의 잠재력을 알아본 첫 번째 기업은 아닐 것이다. 하지만 수많은 기업이 데이터를 완전히 이용하는 데는 실패했다. 몇몇 데이터 분석가 또는 외부 컨설턴트를 고용하여 데이터베이스를 구축하고, 심지어 충성도 프로그램도 출시했지만, 끝내 이 모든 것이 가치가 있는지 제대로 알지 못했다. 영국의 거대 소매업체 CEO가 나에게 정확히 이 과제에 대한 질문을 했다.

"우리는 관련 기술과 데이터베이스 프로젝트에 수백만 파운드를 썼어요. 아주 힘들게 싱글뷰로 취합하고 새로운 사람들도 고용했죠. 하지만 이익 혹은 수익에 어떤 차이가 생긴 것 같지는 않아요. 우리가 무엇을 잘못한 거죠?"

〈파트 3〉에서는 이 기업이 무엇을 잘못했는지 검토하겠다. 그리고 데이터 중심 기업으로 전환하려는 기업에게 복잡하고 까다로운 리더십 과제를 살펴보고자 한다.

데이터 중심 기업
구축하기

<파트 3>에서는 데이터 중심 기업 구축에 수반되는 실질적인 리더십 과제를 살펴보고자 한다. 지금까지 기업의 가치를 실현할 여러 가지 분석을 검토하고, 그 분석에 입력할 수 있는 여러 가지 데이터도 살펴보았다. 데이터와 분석을 최대한 활용할 수 있는 기업으로 전환하려면, 어떤 중요한 단계를 실행해야 할까?

마찬가지로 어떤 기업이든 데이터 중심 기업으로 전환할 때 직면하는 과제가 있다. 문화, 역량, 직원들의 태도, 선택한 협력 업체, 변화 프로그램을 기업에 '착륙'시키는 방법, 어떤 데이터 분석 결과를 취하여 그에 따라 기업을 발전시킬 것인지가 필수적인 과제다.

13~16장에 걸쳐 이 주제를 살펴볼 예정이다. 우선 데이터 분석 프로젝트가 최대의 결과를 내놓지 못하게 하는 기업의 문화적 장벽을 조사하겠다. 이어서 핵심 경영진과 데이터 과학자 사이에 적절한 관계를 형성하고 대화하는 방법을 생각해보고자 한다. 분석 역량을 직접 만들지, 외부에서 살지에 대한 것도 살펴보겠다. 마지막으로 기업에 데이터 중심 사고방식을 성공적으로 도입할 수 있는 변화 관리 절차를 살펴보고자 한다.

Chapter 13

문화 충돌, 그리고 마음이 편안한 사일로

13장에서는 수많은 기업이 데이터 분석에서
원하는 것을 얻지 못한 이유를 살펴보고, 그 이유가 상당 부분
경영진의 문화에 뿌리를 두고 있다는 사실을 알아보자.

지금까지 이 책이 데이터가 지닌 힘과 데이터로 기업의 수익원을 찾을 수 있다고 증명했기를 바란다. 우리는 앞서 보유할지도 모르는, 또는 찾을 수 있는 데이터 종류와 몇몇 기회를 찾으려고 적용할 수 있는 분석 기술 몇 가지를 살펴봤다.

그 기회는 무언가를 파는 새로운 방식일 수도 있고, 비용-편익 측면에서 신규 고객을 영입하는 방법, 간단하게는 기업에 이미 존재하는 가장 가치 있는 고객을 유지하는 방법일 수도 있다. 아니면 더 효과적으로 사업을 관리하고, 재고 소비가 느린 상품에 현재 묶여 있는 돈을 수익화하거나, 구비한 상품 범위에서 추가하거나 제외해야 하는 것을 인식하는 방법일 수 있다.

우리가 다뤘던 주제와 사례연구를 살펴보는 과정에서 당신 기업을 데이터 중심 기업으로 전환하려는 욕구가 생겼다면, 이제 딱

한 가지 질문만 남았다.

"어떻게 데이터 중심 기업으로 전환할 것인가?"

결국 12장 결론에서 보았듯이 말이 실천보다 더 쉽다. 다른 사람들과 이 주제를 검토해본 적이 있다면, 어쩌면 눈치 챘을지도 모르겠다. 경영진은 프로젝트를 승인하여 자본을 지출하고 새로운 사람을 고용하면서, 여전히 또 다른 유행을 막 좇는 것은 아닐까 하는 마음이 결국 들 수도 있다. 데이터 중심 기업을 구축하려고 수행하는 프로젝트가 언론에 좋게 보도되고, 새로운 콘퍼런스 곳곳에서 프로젝트 이야기를 해달라고 초대할지도 모른다. 하지만 정말로 프로젝트가 차이를 만들었을까?

아주 솔직하게 말하면, 때로는 "아니오"라고 답할 수 있다. 우리가 프로젝트를 시작하며 자금 승인을 하기 전에, 이 이유가 무엇인지 살펴봐야 한다.

이전 장에서 유익한 기업 사례를 살펴봤다. 13장에서는 데이터 중심 기업을 구축하는 방법을 살펴보기 위해, 하지 말아야 할 행동을 조금 더 세부적으로 살펴보겠다.

▶ 사례연구

우리가 지금부터 배울 기업은 상당히 탄탄한 기반을 갖춘 영국의 소매업체 사례다. 이 기업은 영국 전역에 매장이 수백 개가 있고,

동종 최고는 아니지만 기능적인 웹사이트도 있다. 해당 기업은 과거 어느 시점에 충성도 프로그램을 출시해서 회원을 많이 모집했고, 고객은 매장이나 온라인에서 구매할 때 충성도 프로그램을 적극적으로 이용했다.

그러나 해당 기업의 이사회는 자신들이 전혀 데이터 중심 기업 같지 않다고, 어쩌면 상당히 많은 기회를 활용하지 못하고 있다고 생각했다. 그래서 이에 대응해 완벽히 합당해 보이는 많은 투자 결정을 했다.

- 충성도 프로그램이 본래 소비를 증대시키기 위한 목적으로(솔직히 말하면 다른 모든 경쟁 업체에 충성도 프로그램이 있기 때문에) 만들어졌으나, 고객 데이터 흐름을 확장할 수 있게 설계되지는 않았다. 충성도 프로그램을 좀 더 유연한 기술로 재구축하기로 결정했다.
- 충성도 프로그램에서는 오로지 판매 비중만 파악할 수 있었지만, 다른 고객 데이터도 많이 보유하고 있다고 확인됐다. 〈파트 1〉에서 보았듯이 고객 데이터베이스를 모두 싱글뷰로 모을 필요가 있었다.
- 좋은 데이터베이스를 보유하고 있어도, 뛰어난 기술이 없어 아무도 그 데이터베이스에서 배울 수 있는 것이 없었다. 그래서 2가지 기술을 사용해 개선하고자 했다. 하나는 간단한 그래픽 시

스템으로 비전문적인 사용자도 데이터를 가공해볼 수 있게 설계하고(잠시 뒤에 본격적으로 얘기해보자), 다른 하나는 좀 더 전문적인 기술로 데이터 과학자가 분석할 수 있게 했다.

- 마지막으로 기업에는 데이터 과학자가 없었는데, 1명 고용하기로 결정했다.

지금까지는 좋다. 그런데 2년 동안 몇백만 파운드를 투자했는데, CEO가 나에게 아무 소득도 없는 것 같다고 불평했다. 왜 그랬을까?

먼저 프로젝트 원칙의 부재이다. 즉 싱글뷰의 고객 데이터베이스에 고객과 관련된 모든 데이터가 포함되지 않았다는 의미다. 모순적으로 기존 싱글뷰 프로젝트(충성도 프로그램 재구축 포함)가 데이터베이스 바깥에 남겨진 채로 신규 프로젝트가 승인됐다. 이는 프로젝트 비용을 아끼려는 시도였다. 하지만 이는 우리가 구축하고자 하는, 이 책에서 살펴본 여러 가지 모형에 사용할 고객 데이터가 여기저기 흩어져 있다는 의미다.

두 번째는 데이터에서 가치를 추출하는 데 필요한 기술에 대한 인식 부족이다. 사업에서 기업 자체 자원을 이용할 것인지 아니면 외부 컨설턴트를 활용할 것인지 진지하게 고민해보고(이런 고민은 '자체 고용 vs 외부 고용'에 대한 딜레마로 15장에서 살펴볼 것이다), 고용하기로 결정했다. 이 자체가 오판은 아니다. 그리고 데이터 과학자 한 명을 고용했다. 데이터 과학자는 기업이 요청하는 사항에 당장 압박을 받을 것이다. 가장 긴급한 업무, 자금 관련 부서가 요구하는 보고서를 작성하는 데 우선순위를 두어야 했다. 그러다 보니 나머지 부분에서 병목 현상이 일어나게 되었다.

마지막으로 비즈니스 전반에 걸친 데이터 인식 및 데이터 분야에 대한 투자 부족이다. 이렇게 되면 마케팅팀이 마케팅 커뮤니케이션 관련 테스트를 제대로 수행하지 못하게 된다. 결과적으로는 마케팅 커뮤니케이션이 효과적인지, 그 효과가 데이터에 투자한 이후에 늘었는지에 대한 이사회의 질문에 답변할 수가 없게 된다.

해당 기업이 데이터 중심 기업이 되는 데 실패한 근본적인 이유는 전부 다른 수많은 소비자 기업이 저지른, 최근까지도 계속 저지르고 있는 가장 큰 실수를 저질렀기 때문이다. 기업은 데이터 중심 기업이 되고자 하는 모험 전체를 취미 정도로 보지, 중대한 임무로는 생각하지 않는다.

조금 더 살펴보자. 이 중요한 프로젝트에 정말 대규모 예산과 이사회의 적절한 격려가 필요했을까? 기업은 데이터 분석 과정에서 훌륭하게 이익을 창출할 수 있었다. 아니, 반드시 창출했어야 했다. 그럼 어떻게 하다가 기업의 많은 부문에서 프로젝트를 효과적으로 수행하지 못한 것일까?

감정을 갉아 먹는 공포라는 힘

지금까지 우리는 수학과 기술에만 집중했지만, 그 답은 몹시 인간적인 것이다. 데이터 중심 기업으로 전환할 때 당신이 직면할 가장 큰 장벽은 바로 공포다.

앞에서 만나본 CEO처럼 고위급 구매 또는 영업 담당 임원을 상상해보자. 그 임원은 시간이 지나 경력이 쌓이면서 점점 더 높은 자리에 오르더니, 지금은 기업 의사결정 과정의 최상위 자리에 앉아 있다. 실제로 앞선 사례연구 기업에 등장한 주요 상품 카테고리 구매 담당 임원 2~3명은 고위 경영진 중에서도 매우 영향력 있는 인물이었다.

영업 담당 임원이 어떻게 최고의 자리에 오르게 됐는지 생각해볼까? 짐작건대 열심히 일하고 능력도 있고 직관도 뛰어나며 행운도 따랐을 것이다. 임원이 가져야 할 자격이 뭐든, 그 자격을 조합해서 한 조직의 최고 자리에 오르게 됐다. 사람들이 존경하고 귀 기울이며, 보수도 잘 받는 그런 자리에 말이다.

하지만 지금은 세상이 변하고 있다. 갑자기 산업 전반에서 디지털 채널 시장, 데이터 기반 의사결정, 이 책에서 살펴본 머신러닝이나 인공지능처럼 대중적이지 않은 전문 용어에 대해 떠들고 있다. 영업 담당 임원은 고위 경영진 중에서도 이런 개념이 다른 임원보다 익숙하지 않다. 반면에 좀 더 젊은 직원들은 디지털 원주민으로 성장했다. 상품에 대한 직관과 경험이 영업 담당 임원만큼 뛰어나지는 못하지만, 아마도 분석 과정에서 도출된 결과물을 친숙하게 느끼고 데이터가 입력된 방대한 스프레드시트를 더 편하게 다룰 것이다.

당신이 탁월하게 수행하던 직무가 바뀌고 있을지도 모르고, 기업에서 성공하기 위해 필요한 역량 또한 바뀌었을지도 모른다는 생각이 들면 덜컥 겁이 난다. 경영진 혹은 관리자로서 우리는 절대 조직 내 변화가 야기한, 조직을 불안정하게 만드는 공포를 과소평가해서는 안 된다. 만약 다른 역량이 내가 평생토록 개발해온 역량보다 더 가치가 있다면, 그 역량이 나의 업무, 나의 지위, 나의 권위를 위협하지 않을까?

결국 변화가 필요한 기업의 가장 큰 모순은 나이가 많고 고위급인 임원, 정확하게는 가장 힘 있고 영향력 있는 사람들이 그 공포를 가장 절실하게 느낀다는 것이다.

새로운 변화에 대한 조직과 기관 차원의 공포는 아주 많은 경우 2가지 반응 중 하나로 결말에 이른다. 안타깝게도 둘 중 하나는 기업을 망칠 수도 있다.

거부, 그리고 항상 통했던 것의 유혹

첫 번째 반응은 거부다. 우리가 13장에서 살펴보려고 한 내용이다. "모든 수치가 경험에 비할 수 없지" 또는 "몇 년 동안 기업에 통했던 기술을 버리지 않도록 주의해야 해"라고 말하는 사람이 나이가 많고 더 고위급 임원이라는 상상은 거의 틀림이 없을 것이다. 어쩌면 당신이 속한 기업의 고위 경영진은 그러지 않을 수도 있지만, 그렇다고 우리 모두가 공포를 느끼지 않는다고 말할 수는 없다.

거부, 입 밖으로 내뱉지는 못했지만 고위 경영진이 일괄적으로 느끼는 그 감정에 특징적인 증상 2가지가 있다.

첫 번째 증상은 의사결정에 영향을 미친다. 새로운 디지털 채널에 투자해야 하는가? 아니면 이 책에서 살펴본 데이터 중심 프로그램과 같은 분야에 투자해야 하는가? 어쩌면 그 대신 다른 사안, 더 급해서 우선순위로 분류된 사안을 처리할 때까지 기다려야 할지도 모른다. 신규로 문을 열 매장이 있고, 유통 인프라는 업그레이드가 필요하다. 새로운 모든 것은 불확실하고 위험하며 잠재적 이윤도 낮아 보인다. 그렇다면 더 중요한 사항에 집중한다.

최신 유행을 따르는 데이터 업무보다 더 중요한 우선순위를 가진 것에 마음이 끌린다. 그리고 부분적으로는 맞는 얘기일지도 모른다. 앞 문단에서 언급한 내용에는 티끌만큼의 진실도 있다. 규모가 큰 소매업체와 소비자 기업은 주로 뛰어난 운영 능력을 토대로 설립되었다. 이런 업체의 핵심 역량 중 하나는 믿을 수 없이 복잡한 업무를 수행하는 것이다. 구매, 유통, 여러 가지 상품의 대량 판매는 일련의 절차로 전국에서 매일매일 반복된다. 소매업체가 새로운 전문 용어에 기반을 둔 최신 유행 과제를 뒤쫓으며 한눈을 파는 동안, 그보다는 목록이 긴 일상적인 운영 업무에는 실패했다.

종합해보면, 이런 염려에는 치명적인 오류가 있다. 일련의 운영 업무는 오직 하나의 환경, 과거에 하던 업무가 미래에도 계속 될 때만 중요한 우선순위를 갖는다. 그러나 우리가 이 책 전반에서 살펴봤듯이 소비자 기업이 작동하는 세상은 이제 알아볼 수 없을 정도로 변하고 있다. 소비자는 디지털 채널과 소셜미디어를 사용하여 브랜드와 관계를 맺는다. 전에는 없었던 방식이다. 신생 스타트업 기업은 소비자에게 기존 시장에서, 특히 당신 기업이 제공하지 못한 이점을 주기 위해 데이터를 사용할 준비가 되어 있다.

앞에서 본 사례연구의 기업은 이 중에서 첫 번째 장애물을 지나갔다. 좀 더 데이터 중심 기업이 되려고 투자한 사례임이 더욱 명백해졌다. 이 기업은 적극적인 지배 주주로서 덜 위협적인 다른 부문에 집중하라는 유혹을 이겨내고, 변화를 밀어붙일 권한이 있다는 것이 장점이다.

위안이 되는 사일로와 이메일 공장

첫 번째 증상을 무사히 넘긴 해당 기업은 대신 두 번째 거부 증상으로 곤두박질쳤다. 새로운 데이터 중심 프로젝트의 등장, 기업의 역량을 시험하는 장애물을 마주한 경영진은 이에 내포된 의미를 내심 두려워했다. 그래서 간단하게 그 두려움의 대상을 찬장 안에 넣고 문을 잠그고 무시했다.

기업에서 데이터 역량처럼 두려운 대상을 숨긴 찬장을 사일로라고 부른다. 데이터 프로젝트를 숨기는 데 가장 좋은 사일로는 마케팅 부서인 경우가 대부분이다.

결국 데이터를 수집하는 프로젝트는 마케팅 부서에서 시작하는 경우가 보통이다. 충성도 프로그램, 모바일 애플리케이션 등이 그렇다. 또한 많은 소비자 기업에서는 전자상거래 기능이 그 자체로 데이터가 풍부하므로, 마케팅 부서 어디에든 자리를 잡는 사례가 증가하고 있다.

마케팅 부서는 대체로 데이터를 생성할 뿐 아니라 생성한 데이터를 사용하는 잠재적 사용자기도 하다. 이 모든 모형을 처음 적용하는 부서는 어떤 고객과 어떤 내용으로 소통할지 결정하는 부서이다. 심지어 브랜드 포지셔닝 같은 좀 더 광범위한 마케팅 주제에 대한 아이디어도 데이터에서 알아낼 수 있다.

이러한 이유로 데이터 중심 기업으로 향하는 여정을 시작하는 장소를 마케팅 부서로 하려는 생각은 그리 나쁘지 않다. 하지만 우리가 앞서 살펴본 사례연구의 기업이 빠져든 위험 같은 것은 주의해야 한다. 기업 내 나머지 부서는 데이터가 자신들과도 관련이 있음을 쉽게 잊고, 마케팅 부서에서 일어나는 모든 변화에 대해 장벽을 세워 막아버린다.

사례연구 기업이 사용한 언어에서, 즉 기업이 데이터 분석에 대해 얘기할 때 이 문제를 풀 최고의 단서가 드러났다. 기업이 고용한 데이터 과학자와 데이터를 처리하고 관리하는 사람들을 '이메일 공장'이라고 부른다. 누구의 책임일까? 결국 자업자득인 셈이다. 그들은 데이터를 처리하고 다음 주에는 누구에게 메일을 보낼 것인지만 고민했다.

'이메일 공장'이라는 용어를 나쁜 의미로 사용한 것은 전혀 아니다. 마케팅 부서가 하는 일이 인상적이고 가치 있다는 관점이기도 하다. 실제로 부문별 매입 책임자나 영업 담당 책임자가 특정 상품을 특히 밀고 싶을 때, 아마도 이 목표를 달성하기 위해 '이메일 공장으로 가서 말할 것'이다.

심각한 건 데이터를 분석하여 기업 전반에 영향을 미칠 수 있다는 생각이 그들 머리에서 떠오르지 않았다는 점이다. 영업 담당 책임자는 마케팅 부서 사람들이 상품 설명 메일을 더 많이 보내게 하는 방법으로 데이터를 이해할지도 모른다. 하지만 같은 데이터를 이용하면 그들이 처음에 매입한 상품 자체가 달라질지도 모른다는 생각은 하지 못할 수도 있다.

그 외에도 또 있다. 언뜻 보면 기업 내 다른 부문은 데이터의 영향을 전혀 받지 않는 것처럼 보인다. 그러나 매장 설계 및 상품 진열 방식, 심지어 어디에 매장을 개장했는지에 대해 데이터 역량이 어떤 기능을 하는지 제대로 알려주지 못했다.

거부를 극복하는 6가지 방법

데이터 중심 기업을 향하는 우리의 여정에서 첫 번째 장애물, 실제 위험이 여기 있다. 데이터 중심으로 바뀌는 세상에서 경영진은, 의식적으로든 아니든 실존 차원의 도전을 받는다고 느끼면, 이 변화를 전적으로 거부할 것이다. 아니면 영향을 받지 않도록 사일로에 처박아버리고 저항할 것이다.

이미 기업이 데이터 프로젝트를 수행했지만 기대했던 것보다 효과가 덜하다면, 이러한 현상이 발생한 것이다. '이메일 공장'이라는 소리를 듣기 시작했다면, 거부 현상이 시작되는 신호일 수 있다.

데이터 여정을 시작할 때 어떻게 이 거부 현상을 피할 수 있을까? 이미 여정에 올랐다면 어떻게 거부 현상을 처리할 수 있을까?
다음의 6가지 방법을 생각해보자.

1. 여정의 두려움을 활용하라. 한 팀이 되어 데이터 중심 기업이
   되는 것이 얼마나 중요한지 논의하되, 당신이 느끼는 개인적 도
   전이 무엇인지 표현해라. 거부 같은 문화적 장벽은 긍정의 따뜻
   한 햇볕 아래에서는 높아지지 못한다. 그래서 주의 깊게 올바른
   토론이 되도록 설계하고 당신과 동료들이 우려하는 바를 표현
   할 수 있도록 허용하면서, 잘 보이지 않는 곳에서 높아지는 수
   동적인 저항을 제거해야 한다.

2. 지속적으로 함께 그 여정을 학습하라. 비슷한 기업에서 데이터
   로 무엇을 했는지, 눈에 보이는 사례를 제공해줄 강사를 섭외하
   고 자문을 구하라. 데이터 과학이 이해하지 못할 고도의 기술
   이라거나 데이터 과학자의 전유물이라고 표현하려는 사람은 되
   도록 멀리하라. 대신 당신 팀원들이 여정을 같이 할 사람이라고
   느낄 수 있는 사람을 데려와라.

3. 구성원들 각각에게 학습을 제공하라. 예를 들어 젊은 직원이 고
   위 경영진들의 멘토가 되는 것이다. 어떤 소매업체는 모든 이사

회 구성원에게 매장 일선에서 근무하는 직원을 소셜미디어 멘토로 붙여주었다. 이렇게 재미있고 우아한 방법으로 나이가 많고 높은 직위의 경영진은 소셜미디어가 어떻게 작동하는지, 사람들이 소셜미디어 채널에서 어떻게 쇼핑하는지에 대해 질문을 던질 수 있었다. 데이터 및 분석 영역에서는 조직 주변의 젊고 분석적인 마인드를 갖춘 직원들과 고위 경영진이 협력할 수 있는 비슷한 기회가 있을 수 있다.

4. 조직 체계를 설계하며 데이터 분석 업무를 어느 부서에 둘지 생각할 때, 사일로와 이메일 공장을 피하는 것을 목표 중 하나로 삼자(데이터 분석 업무 분장은 다음 장에서 살펴볼 내용이다). 조직 내에서, 데이터 분석에 대한 경영진 회의에서 데이터로부터 얻을 수 있는 가능한 한 모든 혜택을 살펴보고, 마케팅뿐만 아니라 조직의 모든 부서에 어떤 의미가 있는지 확실히 알아보자.

5. 전사적으로 책임과 의무에 대해 주의 깊게 생각하자. 누가 데이터 또는 데이터 분석 변경 프로그램을 소유하며 책임을 지는가? 다른 부서도 확실하게 이 변화를 진지하게 받아들이며 '다른 사람의 문제'라고 여기지 않도록, 다른 부서의 책임과 의무, 직무 기술서를 어떻게 변경할 수 있을까? 각 주요 부서에서 핵

심 데이터팀과 함께 일하는, 데이터 중심 사고방식을 갖춘 이를 임명할 수 있을까?

6. 거부하는 문화와 싸울 때는 때때로 유쾌하지 못할 수도 있다. 조직 내 일부 고위 경영진은 이 여정을 사업을 수행하는 새로운 방식으로 만들지 못할 수도 있다. 동료를 잃고 싶은 사람은 아무도 없다. 하지만 고위 경영진이 과거만 회상하고 공포에 질려서 데이터 분석 프로젝트의 진전이 늦어지지 않도록 하는 것도 중요하다. 수많은 소매업체가 완전히 실패했던 이유는, 이사회의 중요 인물들이 이 변화에 대한 논의의 주도권을 놓지 않고 끝까지 변화를 거부하면서, '우리가 항상 해오던 방식'을 고수했기 때문이다.

경영진 커뮤니티가 데이터 중심 기업으로 향하는 이 여정에서 6가지 단계와 동시에 살펴봐야 할 분야가 또 있다. 바로 경영진 커뮤니티에 데이터에 접근할 권한과 그것을 사용(가공)할 기회를 얼마나 줄 수 있느냐다.

데이터 도구의 역할

고객에 대한 싱글뷰 생성 이후, 데이터에 투자하는 기술적 측면으로 흔히 여러 가지 데이터 시각화 도구를 기업에 도입한다. 이런 프로그램들로 데이터 과학자가 아니더라도 데이터를 살펴볼 수 있다. 다른 지역에 사는 고객이 구매한 상품은 다른 유형일까? 아니면 다른 시간대에 쇼핑을 할까? 어떤 유형의 소매점이 성과가 더 좋을까? 시간이 지나 데이터를 집계하는 시점이 되면 성과에 차이가 날까?

모든 도구는 데이터를 도표로 생성하여 살펴볼 수 있게 한다. 이 도구를 사용하려면 약간의 훈련이 필요하지만, 데이터 과학자보다는 기업 실무자가 사용할 수 있게 의도적으로 설계되었다.

이런 여러 가지 종류의 시각화 도구가 출시되는 사례를 보면 만감이 교차한다. 데이터를 그래프로 보는 것과 데이터를 분석하는 것은 다르다. 거대한 데이터베이스를 구축하고 이런 도구를 도입한 뒤, 기업은 더 이상의 노력을 기울이지 않는다. 데이터 중심 기업이 되고자 하는 과제를 완성했다고 생각해버리는 경우도 여럿 본 적이 있다. 그러나 현실은 전혀 그렇지 못하다. 시각화 도구를 적절하게 도입하여 잘 사용했을 때만이 분석팀이 파고들 질문을 더 많이 떠올릴 수 있다.

물론 도구 그 자체가 굉장히 좋은 수단이 될 수도 있다. 경영진이 데이터를 점점 더 친숙하게 느끼고 질문을 더 많이 한다면, 기업이 여정을 계속하는 데 문화적인 부분에서 도움이 될 것이다. 시각화 도구는 실제로 현명한 투자가 될 수 있다.

13장의 마무리

13장은 데이터 중심 기업으로 향하는 여정에서의 경영진 역할, 그리고 중요하지만 종종 드러나지 않는 주제인 '변화에 대한 저항'을 논의했다. 문제를 앞으로 내세워 인정하는 것은 중요하다. 기업의 다른 경영자뿐만 아니라 우리 자신에게도 중요한 사실이다. 조직 내부 구성원들 간에 변화를 거부하는 움직임이 드러났을 때, 경영진이 바로 알아차리고 강력하게 추진하게 되면 성공 가능성은 훨씬 더 커진다.

인간적인 문제인 공포와 거부감은 〈파트 3〉를 읽으면서 또다시 수면 위로 떠오를 것이다. 앞에서 이런 거부감이, 경영진이 변화에 대한 공포를 느꼈을 때 발생하는 2가지 반응 중 하나라고 설명했다. 14장에서는 나머지 다른 하나의 반응을 살펴보고자 한다. 만약 두려워하는 대상을 이메일 공장 같은 사일로에 숨기지 않는다면, 그다음 선택은 데이터 분석을 통째로 외부에 맡겨 버리는 것이다. 외부에 맡길 때 '자체 고용 vs 외부 고용'이라는 딜레마에 빠지는데, 이는 모든 기업이 데이터 중심 기업으로 전환할 때 직면하는 문제다.

하지만 우선은 데이터 중심 기업으로 전환하는 절차를 처음부터 끝까지 설명하고 논의할 수 있는 기초 공사, 즉 '공통의 언어'를 개발할 필요가 있다. 그다음에는 어떻게 하면 데이터 프로젝트에 기업 전체 혹은 모든 사업을 참여시킬지 계획을 세워야 한다.

Chapter
14

데이터 중심 기업으로 가는
가장 중요한 과정

14장에서는 데이터 중심 기업을 구축할 때 가장 핵심이 되는 과정을 배운다.

우리 기업에서 어떻게 실행할 수 있는지 살펴보기로 하자.

데이터 분석의 끝에 이르면 데이터 과학 전문가가 반드시 필요해질 것이다. 〈파트 1〉에서 우리가 살펴본 모형과 기술은 간단한 편이었지만, 그 외에 모형이나 기술은 복잡하다. 또한 실제로 사용하려면 높은 수준의 기술력이 필요하다. 아주 간단한 기술이라도 데이터 세트를 준비하려면, 사전 과정이 필요하다. 결과를 해석하는 데도 경험과 훈련이 있어야 한다.

PPDAC 사이클

모형 구축 절차를 시작하기 전에 올바른 방식으로 데이터를 적절하게 구성하고 분석 끝에 도출된 결과를 정확하게 해석하려는, 이

2가지는 인공신경망을 구축하는 것 이상의 것이 데이터 중심 비즈니스에 있음을 보여준다. PPDAC 사이클을 사용해서 전체 과정을 문서화하고 분석 기술의 수학적 측면에 과하게 집중하는 위험을 피할 수 있다. 이 모형은 대체로 통계나 수학적 요소가 포함된 프로젝트에 적용된다. 용어는 늘 그렇듯이 약어다.

문제Problem는 데이터를 사용해서 질문에 답하는 첫 번째 중요한 단계로, 실제 질문이 무엇인지 명확하게 하는 것이다. 〈파트 1〉의 8장에서 데이터 과학팀이 대답할 질문을 떠올리는 다양한 방법을 살펴봤다. 기업의 다른 부문을 검토하거나 이미 보유한, 또는 수집할 수 있는 데이터 유형에서 영감을 찾아 그 데이터로 해결할 수 있는 흥미로운 질문을 떠올리는 것이다.

그러나 만들어낸 질문을 분석 절차에 따라 확실하게 답변할 수 있도록, 질문을 세심하게 설계해야 한다. 구체적으로 어떤 측정 방법을 사용할 것인가? 구축한 모형이 질문에 답하는지 어떻게 알 수 있을까? 우리는 잠시 뒤에 적절한 방식으로 제대로 된 질문을 하는, 온건한 도전innocuous challenge으로 다시 돌아가고자 한다.

계획Plan은 전문가가 이끌기 시작하는 단계다. 첫 번째 단계에서 제시된 질문에 답변하려면 어떻게 접근해야 할까? 어떤 분석 기술이 유용한 답변을 도출하고, 필요하다면 모두가 해야 할 어떤 사전 작업이 있을까? 계획 단계는 당신이 생각한 것보다 훨씬 더 어려울지도 모른다. 더 적합한 또는 덜 적합한 분석 기술, 각자에게 필요한 데이터 준비 정도에 따라 다르기 때문이다.

데이터Data는 다음 사항을 생각해볼 문제다. 계획을 실행하기 위해 어떤 데이터가 필요한가? 데이터를 이미 보유하고 있나? 아니면 수집하러 가야 하나? 데이터에 어떤 가공이나 준비가 필요할까? 우리가 필요한 모든 데이터를 보유한다 해도, 원천 데이터와 각각의 다른 데이터가 매끄럽게 연결되고 있을까? 아니면 연결하는 연습이 필요할까?

데이터를 정말 유용하게 사용하려면 정리를 해야 한다. 예를 들어 어떤 고객은 전체 주소를, 또 어떤 고객은 우편번호만 가지고 있다고 해보자. 그렇다면 '매장까지 운전해서 오는 평균 시간'을 구하는 모형을 구축하기 전에, 같은 관점으로 데이터를 정리해야 한다.

분석Analysis은 우리가 앞서 얘기한 단계로, 분석 기술을 적용해 측정한 결과를 도출하는 과정이다. 분석 결과를 점검하기 위해 어떤 종류의 대조군을 남겨둘 것인가? 우리가 관찰한 결과가 실제 결론인지, 그냥 우연한 차이인지 알기 위해 어떤 종류의 통계적 유의성 테스트를 진행할 것인가?

결론Conclusion은 마지막 단계다. 본래 제기한 질문의 답은 무엇인가? 얼마나 명확하고 믿을 수 있으며, 통계적으로 유효한가? 이 결과가 우리 기업에 어떤 의미인가?

PPDAC를 하나의 순환과정으로 설명했는데, 실제로도 그렇다. 대다수 데이터 과학 연습에서 질문을 솔직하고 분명하게 표현하는 데 어려움을 겪을 수도 있다. 그래도 우리는 분석을 실행하고, 분석 결과로 질문을 다시 만들고, 또 다른 기술을 시도할 것이다. 이 프로젝트에서는 결과를 얻어 만족할 때까지 이런 과정을 여러 번 거쳐야 할지도 모른다.

질문 제대로 하기

PPDAC 사이클 중 일부 단계는 뛰어난 전문가에게 맡겨야 한다. 하지만 PPDAC 사이클이 확실히 효과가 있으려면, 한편으로는 실제로 기업과 경영진 사이의 상호작용이 필요하고, 또 한편으로는 전문가와의 상호작용도 필요하다. 처음 구체적으로 질문을 마련할 때

만큼, 이러한 상호작용도 중요하다.

겉으로 보기에는 쉬운 일 같다. 누가 가장 가치 있는 고객인가? 어떤 고객은 왜 특정 상품을 사는가? 또 어떤 고객이 마케팅 캠페인 이메일에 응답할 가능성이 가장 높은가?

그러나 기업에 가치가 있는 질문을 하고 분석 기술로 답을 찾을 수 있는 질문을 하는 것은, 실질적으로 어려운 일이다. 예시로 든 마지막 질문, 어떤 고객이 마케팅 캠페인 이메일에 응답할 가능성이 가장 높은지 알아보기 위해, 신상품을 출시하는 마케팅 캠페인 시나리오를 살펴보자.

해당 고객은 이미 그 상품을 살 마음을 먼저 먹고 있을지도 모른다. 예를 들어 가장 최근 출시된 최첨단 물건을 가지는 것을 정말로 좋아해서, 신상품이 나오면 항상 제일 먼저 줄 서서 사는 고객 집단이 있을지도 모른다. 또는 출시된 신상품이 특정 고객 집단에게 있는 문제를 해결해줄 수도 있다. 예를 들면 체형이 작은 고객을 위한 상품을 출시한다고 생각해보자. 그런 상품을 기다린 고객 집단은 그들에게 잘 맞는 해당 브랜드의 옷을 사기 위해 고대하며 기다렸을지도 모른다.

이렇게 생각했을 때 질문에 대한 답은 명확하다. "체형이 작은 사람들을 위한 상품을 새로 출시했다고 발표하는 이메일 캠페인에 누가 응답할 가능성이 가장 높을까?" 바로 이런 상품이 나오기를 기다려온 고객이다.

우리가 잘못된 질문을 했을 때도 틀림없이 이런 깨달음을 얻는다. 고객 대다수가 이메일을 받았든 받지 못했든 출시된 상품을 사려고 마음먹었을 것이다. 다른 채널을 통해서 신상품 출시 소식을 듣거나 매장에서 발견했을지도 모른다. 어쨌든 사려고 하는 사람들에게 집중해서 마케팅을 많이 하지는 않는다. 특히 마케팅 비용이 수반되는 할인쿠폰을 준다거나 출시 기념 특가로 판매할 때는 말이다.

차라리 다음 질문이 더 낫다. "이메일을 받은 집단과 받지 못한 집단을 비교했을 때, 새로 출시한 체형이 작은 사람들을 위한 상품을 구매한 비중이 가장 크게 증가한 고객 집단은 누구인가?" 새로운 상품에 대한 관심 범위 그 어디쯤에 개별 고객이 있다고 생각할 수 있다. 한쪽 끝에는 관심이 너무 많고 열정적인 고객이 있는데, 이들에게 집중해서 마케팅을 하지는 않는다. 다른 한쪽 끝에는 일말의 관심도 없는 고객이 있는데, 이들에게도 집중하지 않는다. 왜냐하면 어쨌든 반응하지 않을 것이기 때문이다.

그러나 중간 어디쯤에는 신상품을 살 가능성이 높은 고객 집단이 있다. 신상품에 대한 고객의 흥미를 부추겨 클릭 한 번으로 볼 수 있는 상품 소개 링크를 보낸 경우에 말이다. 당연히 해당 집단이 이메일 캠페인을 하기에 최고의 상황을 갖췄다. 그러므로 당신이 해야 할 분석 질문은 단지 누가 상품을 살 것인지가 아니다. 누가 마케팅에 점차적으로 자극을 받고 상품을 살 가장 가능성이 높은지 물어야 한다.

더 자세하고, 더 복잡한 질문이다. 하지만 이 질문이 당신이 이뤄내려는 경영 성과와 훨씬 더 밀접한 관련이 있다. 그러므로 PPDAC 과정에서 이러한 질문은 유용한 답변과 함께 드러날 가능성이 높다.

비용-편익과 PPDAC

문제의 질문을 제대로 작성하는 이 까다로운 업무가 친숙하게 들린다면, 이전에 이런 내용을 살펴본 적이 있기 때문이다. 〈파트 1〉에서 향상도 곡선과 예측 모형으로 대체로 무언가 할 가장 가능성이 높은 고객에서 가장 적은 고객으로 순위를 매기는 아이디어를 살펴봤었다. 우리가 달성할 전반적인 비용-편익은 우리가 대상으로 삼은 고객이 얼마나 많은지에 따라 다르다는 의미다.

가장 가능성이 높은 소수의 고객을 대상으로 한다면, 우리는 높은 향상도를 얻을 것이다(대부분의 경우 적정한 사람을 대상으로 한다). 그러나 틀림없이 소수의 사람만 대상으로 삼게 된다. 만약 다수의 고

Chapter 14 데이터 중심 기업으로 가는 가장 중요한 과정

263

객을 대상으로 삼으면, 캠페인을 더 크게 벌여 모형의 정확성이 불가피하게 하락해도 수용해야 한다.

이런 내용을 전부 요약하면, 모형 결과의 비용-편익을 잘 이해할 수 있다. 이는 PPDAC 과정에서 문제를 구체화할 때도 중요하다. 아주 정확한 모형을 구축하여 오직 극소수의 고객만을 대상으로 삼을 필요는 없다. 이번 장에서 보았듯이 어쨌든 구매할 고객만을 인지하는 모형을 구축할 필요도 없다.

비용-편익 분석을 제대로 하는 방법은 해결하고자 하는 기업의 문제 유형에 따라 다르다. 이메일 마케팅 캠페인 같은 경우, 비용-편익 등식의 비용 측면은 상대적으로 간단하다. 마케팅 비용과 회수된 쿠폰 또는 할인율에 따른 예상 비용이 있다. 반면에 편익 측면은 복잡하다. 몇 개를 팔았는지 측정하는 것은 쉽다. 그러나 이메일을 보내지 않았는데 팔린 상품이 몇 개인지 추정해서 이를 빼는 것이 훨씬 중요하다.

이탈자 축소나 부실 채무자 행동을 예측하는 다른 모형에서는 이탈자를 줄이거나 부실 채무와 사기 행위 횟수가 감소하는 편익 측면을 계산하는 것이 더 쉽다. 어려운 부분은 긍정 오류$^{false\ positives}$다. 예를 들어 이탈자를 줄이기 위해 한 번도 이탈해본 적 없는 사람들에게 돈을 투자하거나, 모형이 제시한 대로 신용한도를 줄였는데 실제로 성실 상환자인 경우를 말한다.

또 다른 경우 비용-편익 등식에서 모든 요소를 고려하기 위해 기업의 지식을 활용한다. PPDAC 과정을 거치면서 알맞은 결과를 측정하려면, 그 과정의 설계가 중요해질 것이다. 이미 여러 번 반복해서 언급했지만, 분석 실험을 할 때 대조군을 엄밀하게 정의하는 것은 중요하다. 많은 기업이 투자금을 회수할 것처럼 보이는 프로젝트를 실행하면서도 자신도 모르게 수백만 파운드(원화로는 수십 억대)를 낭비하고 있으며, 실제로는 어쨌든 살 고객에게 시간과 돈을 소비하고 있다.

데이터를 사용해서 기업에 가치를 더하기 위해, PPDAC 절차 시작과 끝에서 경영진은 그 과정에 완전하게 투입되어야 할 필요가 있다. 질문을 구체화하고 분석하여 답을 구할 때, 경영진은 일선에서 현실적인 비용-편익 테스트를 확실히 하도록 해야 한다. 또한 PPDAC 결과가 실제로 실행할 가치가 있는지 다시 측정할 때도 마찬가지다.

〈파트 1〉에서 본 사례연구(이동통신사가 구축한 이탈자 예측 모형)처럼 고객 행동을 아주 잘 예측하는 모형을 완벽하게 구축할 수는 있지만, 실행할 가치가 없는 경우가 있다. 왜냐하면 그 모형이 긍정 오류를 발생시키기 때문이다(당신이 마케팅 대상으로 삼았지만, 비용만 들고 아무런 이득도 얻지 못한 경우다).

훌륭한 데이터 과학자는 이런 주요 단계에서 높은 비중을 차지할 것이다. 또한 유용한 결과물을 낼 가능성이 가장 높은 방법으로 질문을 수립할 때도 도움을 줄 수 있다. 데이터 과학자를 적절한 자리에 배치해야 한다. 그래야 "누가 이 이메일에 반응할 가능성이 가장 높은가?"라는 질문을 받고, 이번 장에서 살펴봤듯이 진짜 기업 가치를 창출할 수 있는 질문으로 달리 표현할 수 있다.

그래도 진짜 위험은 따로 있다. 만약 데이터 과학팀이 사업을 충분히 면밀하게 알지 못하고 동료들이 PPDAC 과정에 충분히 개입하지 않는다면, 잘못된 길로 들어서서 돈을 낭비하게 될 것이다. 예를 들어 당신 팀에서 처음 작성한 질문이 "이 이메일을 누구에게 보내야 할까?"처럼 결함이 있다. 데이터팀은 이런 질문을 그냥 받아들여 질문 그대로 답변한다. 그렇게 되면 쓸모없는 모형을 구축하고 완전히 잘못된 방향으로 들어서는 위험에 빠지게 된다.

분석과 통찰 사이의 중요한 상호작용

PPDAC 과정에 포함된 기업의 실용적인 지식이 적정량 있다고 확신하면, 문제 설정 단계에서(물론 후반 단계에서도) 경영진의 개입이 필요하다. 그러나 정보의 출처도 중요하게 고려해야 할 사항이다. 많은 데이터 중심 기업에는 데이터 분석팀과 더불어 통찰팀^{insight team} 도 있다.

여기에서 통찰은 이런저런 시장 조사에서 알게 된 기업에 대한 실용적인 소견을 의미할 때 사용할 수 있다. 이 소견에 설문조사 결과 및 다른 양적 정보가 포함될 수도 있지만, PPDAC 과정 중 문제 형성 단계에 추가할 가장 중요한 요소는 대체로 질적 정보다(이 정보는 또한 PPDAC 후반 과정인 분석 결과를 어떻게 활용할지 계획하는 결론 단계에서도 중요하다).

집중 인터뷰, 고객 포럼, 문화기술지 연구ethnographic research(사람들을 계속해서 따라다니면서 관찰하는 질적 연구 방법 중 하나), 다른 조사 도구의 결과가 대단히 중요할 수 있다. 데이터 분석 프로젝트가 도출한 답변이 매우 정확하지만 완전히 쓸모없을 사태를 막을 수 있도록 말이다. 이런 조사의 결과가 상식선에서 실용적인 문맥을 더할 수 있기 때문이다.

출처는 불확실하지만 훌륭한 예가 되는 이야기가 있다. 어떤 차 소유주가 제조사에 민원을 제기했다. 그가 바닐라 아이스크림을 먹을 때마다 차가 시동이 걸리지 않는다는 것이다. 자세한 사정은 이렇다. 그는 가족이 저녁 식사 후 먹고 싶은 아이스크림 맛을 투표한 뒤 매장으로 운전해서 간다. 그런데 오직 바닐라 아이스크림으로 정한 날에만 매장에서 집으로 돌아올 때 시동이 걸리지 않는다는 것이다. 다른 맛은 모두 출발할 때 문제가 없었다.

해당 민원은 고객의 요청을 받고 출동한 자동차 제조사 선임 엔

지니어의 호기심을 자극했다. 정말 해괴한 일이 아닌가? 그래서 고객의 가족과 저녁을 먹으면서 관찰을 했다.

미스터리는 며칠 뒤에 풀렸다. 바닐라 아이스크림은 매장 계산대 바로 옆에 쌓여 있었다. 즉 다른 어떤 맛을 살 때보다 구매 절차가 빨랐다는 얘기다. 매장에 머무는 시간이 짧아 차가 충분히 식지 못했고, 고객이 다시 출발하려고 할 때는 제동력이 떨어졌다. 다른 맛을 사러 가면 매장에 머무는 시간이 길어져 다시 출발할 때 엔진이 식었고, 집까지 부드럽게 주행할 수 있었던 것이다.

이 이야기는 실질적인 관찰만이, 때로는 이상한 상황을 문맥에 맞게 놓을 수 있는 방법을 보여주는 예시다. 예를 들어 하루 중 어느 시점에 판매가 급등한다고 발견했다면, 예측 모형이나 고객 세분화 모형에 입력할 흥미로운 고객 행동 정보를 얻을 수 있을까? 아니면 매장에서 현금으로 판매한 돈을 모아 근무시간이 끝나고 주변이 조용할 때 계산대에 돈을 왕창 넣었다고 할 수 있을까? 이런 것들은 오직 주의 깊게 관찰할 때만 알 수 있는 것이다.

▶ 사례연구

영화관을 체인으로 운영하는 업체와 일을 한 적이 있다. 업체의 팝콘과 탄산음료 판매 실적은 비슷한 위치의 영화관과 비교했을 때 깜짝 놀랄 만큼 실망스러울 정도로 저조했다. 지역의 인구통계학

정보, 쇼핑몰 내에서 경쟁하는 과자점, 이 결과를 설명할 수 있는 다른 요소를 포함해 모형을 구축하고 싶어 했다. 하지만 모형을 구축하는 연습을 실제로 해본 적이 없어서, 관리팀은 이 결과를 해명하기 위해 다음과 같은 이론을 개발했다.

어느 날 저녁, 영화관 로비에 한 시간 서 있으니 전혀 다른 답이 나왔다. 영화관 로비는 넓었지만 천장이 낮았다. 주 출입구는 중간에 있고, 영화를 보러 가는 복도는 2개가 있었다. 하나는 왼쪽 관으로, 다른 하나는 오른쪽 관으로 가는 길이다. 전적으로 합리적인 고객서비스 시점에서, 영화관 매니저는 정문에 사람을 배치해 예매한 영화를 보려면 어느 쪽으로 가야 하는지 알려줬다. 정문의 직원은 영화표를 보고 기분 좋게 4관으로 가면 된다고 하면서 왼쪽 복도 아래쪽을 가리켰다. 고객은 자연스럽게 바로 영화관으로 내려갔다. 그동안 고객 뒤편에 남겨진 팝콘 판매대는 대부분이 방문하지 않는 장소가 됐다.

주의 깊은 관찰과 실질적인 경험으로, 문제의 진짜 이유를 명확하게 할 수 있다. 그러면 복잡한 모형 구축에 드는 비용을 많이 아낄 수 있었다.

▶ 사례연구

신생아 부모를 대상으로 아기 침대나 유모차 같은 상품을 파는 업체의 고객만족도에 문제가 생겼다. 구매 시점에는 고객이 만족한 듯 보였다. 하지만 제품을 배송한 후에 만족도를 다시 측정했더니, 고객이 실망했고 경쟁사로 옮겨갈 가능성이 훨씬 높게 나왔다. 분명 배송 과정에 문제가 있는 것처럼 보였다. 하지만 유통, 재고 관리, KPI 분석으로는 근본적인 문제가 무엇인지 드러나지 않았다.

그렇다면 처음부터 끝까지 고객의 여정을 연결해보는 수밖에 없었다. 고객의 여정을 토론 그룹과 연결하고 다른 통찰 도구를 각 단계마다 적용했더니 실제 문제가 드러났다. 일관성 없고 현실적이지 못한 배송 약속을 판매 과정에서 했기 때문이다. 결국 어떤 약속을 일선에서 할 것인지 규칙을 세세하게 세울 필요가 있었다. 고객 만족도 문제는 하룻밤 사이에 사라졌다.

14장의 마무리

관찰은 당신과 경영진과 통찰팀이 할 수 있는, 데이터 중심 기업으로 가는 여정에서 가장 중요한 역할을 한다. 만약 의미 있고 수익을 창출할 결과를 내기 위해 정확한 질문을 제대로 하는 것이 중요하다면, 문제 설정 논의에서는 유념해야 할 실질적인 정보를 가능한 한 많이 가져오는 것이 좋다.

하지만 그 길은 양방향이다. 제대로 된 질문을 작성하는 데 실질적인 경험이 충분하지 않기에, 그 이면에는 수많은 위험이 있다. 예를 들어 "고객이 경쟁사보다 왜 우리를 선택할까" 같은 질문에 대해, 기업의 경영진들이 데이터 질문에 대한 답을 알고 있다고 가정하는 것을 수없이 봐왔다. 왜냐하면 '나는 이 일을 진짜 오래 했어. 그러니 그냥 그 답을 알아'라고 생각하기 때문이다.

물론 그것이 사실일 수도 있다. 나 또한 많은 사례들에서 그러한 '지혜'가 데이터의 뒷받침 없이 나오는 것을 봤다. 리더십은 실질적인 경험과 질적인 통찰로, 우리가 하기로 선택한 분석에 영향을 미쳐 틀을 잡을 수 있게 하는 것이다. 13장에서 살펴봤듯이, '변화에 대한 공포와 방어'를 허용하지 않으면 분석이 멈추게 될 것이다.

앞의 사례연구에서 보았듯, 변화에 대한 공포와 방어적 태도는 의도적으로 분석 결과를 무시하는 결과를 낼 수도 있다. 왜냐하면 답변이 너무 어렵거나 정치적으로 너무 민감하거나, 경영진이 딱 듣고 싶은 답변이 아니기 때문이다. 다시 한번 말하지만, 경영자로서 우리의 과제는 마음을 열어 데이터에 질문하고 결과에 반응하는 것이다.

결과를 달성하는 가장 좋은 방법은, 최소한 분석 과정에 익숙한 경영진과 비즈니스에 대한 지식을 충분히 보유한 분석팀 간의 파트너십을 통해, 문제 설정 과정을 수행하는 것이다. 그렇게 하면 잘못된 질문을 받았을 때 그것을 의심하고, 다시 설정할 수 있다.

이런 강력한 파트너십에 관한 요구는 데이터 중심 기업이 되려는 당신의 여정을 중요한 선택으로 이끈다. 이것은 수많은 경영진이 고민하는 문제다. 데이터 분석팀을 사내에서 양성할 것인가? 아니면 외부 컨설턴트나 분석 전문 업체에 위탁할 것인가? 다음 15장에서 '자체 고용 vs 외부 고용' 딜레마를 살펴보자.

Chapter 15

자체 고용 vs 외부 고용, 어떻게 할 것인가?

15장에서는 어떤 기업이든 데이터 역량을 구축할 때 직면하는,
가장 중요한 과제인 조직 체계를 결정하는 방식을 검토하고자 한다.
기업에 새로운 기술을 갖춘 사람을 고용해야 할까?
아니면 비범한 실력을 갖춘 컨설턴트나 자문가와 협력해야 할까?
필요한 기술을 이미 보유하고 있다면,
거대한 조직 어디에 그 사람들을 배치해야 할까?

데이터 중심 기업이 되려고 결정한 뒤 직면하는 가장 큰 도전은 대부분 조직 차원의 문제다. 기업의 심장부(중심부)에 데이터를 모으기 위해 필요한 새로운 기술을 어떻게 습득할 수 있을까? 데이터 중심 기업에 도달하려면 어떤 프로젝트를 시작해야 할까? 프로젝트 초기 단계에 우리가 원하는 기술을 보유한 컨설턴트나 자문가나 외부업체와 일해야 한다면, 어떻게 일해야 할까?

여기에는 복잡한 문제가 거미줄처럼 얽혀 있다. 여러 가지 조직 기반 또는 협력 기반의 모형에 대해 세부적으로 논의하기 전에, 고차원적 원칙 3가지를 점검해봐야 한다. 많은 기업이 데이터 중심 기업으로 향하는 여정에 이 원칙이 도움이 된다고 했다. 또한 아주 유사하게, 예를 들면 디지털 채널과 모바일 채널을 성장시키는 여정에서도 이 원칙은 유용하다.

1. 천천히 크게 도약하는 것보다 빠르게 작은 도약을 이루는 게 낫다

최근 기업의 역사는, 신규 웹과 모바일 역량을 성급하게 갖추고 디지털 세계로 들어가야 한다고 결정한 사례로 어수선하다. 디지털 세계에 안전하게 착륙하는 최고의 방법은 거대한 프로젝트를 진행하는 것이었다. 그 제안은 결국 수백만 파운드가 들고 몇 년이 걸리는 프로젝트지만, 고객 대면 상품과 서비스를 대변혁할 것이다. 그 제안은 이사회에서 적시에 승인되었다.

문제는 이 프로젝트가 사업상 엄청난 모험을 떠나는 것처럼, 대단히 애간장을 태운다는 것이다. 프로젝트 첫 단계는 바로 기업의 세부적인 요구사항을 수집하는 것이다. 프로젝트 하나가 1년 동안 진행된 사례를 본 적이 있다. 그 과정에서 불가피하게 발생한 일시적인 장애를 감안하더라도 이미 몇 년이 지났다. 현명한 결정인 줄 알았던 최첨단 디지털 역량 프로젝트는 결국 기술 발전과 전파 속도에 추월당하고, 시간도 지연되어 예산도 초과했다. 썩 보기 좋다고 할 수는 없었다.

디지털 역량 프로젝트를 시작한 이야기는 아주 흔하다. 데이터 중심 기업 프로젝트에도 같은 위험이 따른다. 〈파트 1〉에서 살펴본 싱글뷰의 고객 데이터베이스를 택하여 고객생애가치^{CLV}를 파악하기 위한 중요한 단계로 활용하라. 내가 참여했던 프로젝트 중 어떤 기업이 이와 같은 프로젝트를 시작했다. 해당 기업은 여기저기 흩어져 있던 데이터베이스를 모두 모아야 했다. 고객생애가치에 대한 진정한 관점을 생성하기 위해 흥미로운 모형을 전부 사용해서 말이다(기업 대부분이 처음에는 고객 중심으로 생각한다).

해당 기업이 나를 찾아왔을 때, 싱글뷰 고객 데이터베이스 프로젝트는 이미 기한을 넘기고 예산도 초과한 상태로 운영 중이었다. 경영진은 원인을 파악할 수 없었다. 세밀히 조사해보니 프로젝트팀은 아주 열정적으로, 가능한 모든 고객 데이터 항목을 구체화하면서, 아주 작은, 솔직히 말하면 중요하지 않은 데이터베이스까지도 포함했다. 심지어 현재 시점으로는 존재하지도 않는 데이터 출처의 가능성까지 추가했다. 프로젝트를 광범위하게 구체화하는데 프로젝트 기간이나 예산, 혹은 둘 다를 늘리지 않고 어떻게 완료할 수 있단 말인가? 아마도 기간이나 예산이 얼마나 더 필요한지 파악하려고 애썼을 것이다.

프로젝트를 실용적으로 검토해보니, 재무적으로 중요한 고객 데이터가 데이터베이스 2~3개에 방대하게 들어 있었다. 이 데이터베이스를 합치는 것만으로도 시간을 단축하고 회사가 찾으려 하는 가치 있는 분석을 상당 부분 할 수 있었다. 때로는 소규모로 간단한 조치를 취하는 것이 최고의 선택이 될 수 있다.

2. 사람들이 같은 언어로 말하는 것이 아주 중요하다

말 그대로다. 거대한 프로젝트를 수행할 때 대부분 멀리 떨어진 국가의 외부 업체에 위탁하고, 무심코 또 다른 방법을 만들어 팀 간에 서로 원활하게 소통하지 못해 실패했다. 여기서는 데이터 중심 기업 프로젝트와 관련된 팀 모두가 2개의 언어, 즉 데이터 언어와 당신 기업의 특정 언어를 공통으로 말하는 것이 중요하다고 말하겠다.

14장에서 보았듯이 프로젝트가 성공하는 데 필수적인 요소는, 기업 소유주와 데이터 과학자가 기업의 질문에 답하기 위해 함께 일하는 것이다. 결국 기업 소유주는 질문의 답을 찾기 위해 데이터 분석을 충분히 이해하고, 답의 한계점이 어느 정도인지 파악해 그 답에서 어떤 일을 해야 하는지 알아야 한다. 또한 데이터 과학자는 기업의 역동성과 가치 요인을 충분히 알고, 잘못된 질문은 제대로 된 질문으로 바꿀 수 있게 유용한 도움을 주어야 한다. 통계적으로 정확하기만 하고 상업적으로 쓸모없는 모형을 결과물로 내놓지 말아야 한다.

이는 데이터 과학자를 영입할 때 개개인을 고용하거나 외부 업체와 일할지 결정해야 한다는 의미다. 이것은 성공하는 데 중요한 요소로, 기업의 목표를 달성하기 위해 기업을 공통적으로 충분히 이해해야 한다. 내·외부 팀 모두가 서로를 알고 존중해야 하며, 같은 용어를 이해하고 프로젝트를 구축하기 위해 PPDAC 같은 방법을 반복해서 활용해야 한다.

이 주제를 데이터 중심 기업의 EQ를 나타내는 '같은 언어 말하기'로 생각할 수 있다. 일상에서 IQ는 순수한 분석-추론 능력, EQ는 서로를 감정적으로 이어주는 능력을 대표한다. 당신이 양성한 또는 고용한 데이터 분석팀과 나머지 다른 팀도 이와 비슷한 관계다.

관계에서 IQ는 데이터와 주제별 설명을 교환하고, 모형을 구축하고, 결과에 뒤따르는 조치를 제시하는 것이다. EQ는 경영진과 데이터 과학자 사이의 관계에서 냉담하지 않은, 아주 인간적인 요소를 의미한다. EQ가 중요한 이유는 데이터 과학자가 기업에 딱 맞는 방식으로 그들이 수행한 일을 설명할 수 있기 때문이다.

〈파트 1〉에서 보았듯이 일부 모형은 다른 모형보다 더 나은 설명을 할 수 있는 결과를 낸다. 중요한 사업 결과가 원리를 알 수 없는 블랙박스에서 도출되지만, 그대로 믿어야 한다는 말을 들으면 수긍할 리 만무하다. 그러므로 결과가 직관적이고, 기존 통찰과 연결되며, 모형이 적용된 분야를 설명할 때, 최종 사용자는 좀 더 만족할 것이다.

분석 과정의 결과를 이해하기 쉽게 설명해주는 것은 중요하다. 경영진뿐 아니라 대상을 확장하여 전사에 설명해야 한다. 예를 들어 어떤 이동통신사는 실시간 의사결정 엔진^{real-time decisioning engine}을 구축했다. 고객서비스 상담원이 이 복잡한 모형에 기초해 개별 고객에게 부가상품을 추천할 수 있도록 설계했다. 모형은 잘 들어맞았다. 문제는 왜 X 상품을 Y 고객에게 추천하는지 명확한 이유가 제시되지 않아서, 대체로 그 결과를 받아들이지 못했다는 것이다. 기업 내 상품팀은 컴퓨터 기반 추천과 팀의 이익 목표가 충돌할까봐 걱정하며 그 모형 도입을 반대했다. 그리고 결과적으로 고객서비스 상담원도 이를 쉽게 무시했다.

데이터팀은 다른 사업 부문으로 옮기면서, 교훈을 얻었다. 이번에 그들이 구축한 추천 엔진은 더 간단하고 이해하기가 쉽게 설계됐다. 데이터팀은 CEO부터 직원들까지 모든 사람들이 이해할 수 있도록 상당한 시간을 투자했다.

사업에 권고하기 위해 사용한 모형 구축 기술이 무엇이든지, 기업은 해당 모형에 영향을 받는다. 그러므로 왜 그런 결과가 나왔는지 데이터팀은 명확하고 이해 가능하게 확실히 설명해야 한다.

3. 초기의 데이터 프로젝트가 당신을 어디로 이끌지는 알 수 없다

기업 데이터로 구축할 수 있는 분석 모형의 결과를 알 수 있다면, 그 모형을 구축할 필요는 없을 것이다. 현실에서는 기업 데이터에서 가치를 창출할 때 실수를 저지르기도 하고, 잘 맞지 않는 모형은 폐기하고 다시 시작하기도 한다. 판매 모형이나 부실 채무 방지 도구, 재고 관리 절차로 가치를 가장 많이, 부가적으로 창출할 수 있을 때까지 말이다.

그렇다 해도, 실패한 프로젝트에 대해 긍정하는 태도가 기업에서 얼마나 드문지 생각해봐야 한다. 다음 16장에서 테스트하고 학습하는 기업이 되기 위해 정말 필요한 사항을 살펴보고, 혁신을 실현하기 위해 얼마나 많은 분야에서 변화가 이뤄져야 하는지 알아볼 것이다. 실제로 기업이 데이터 중심 기업으로 가려면, 해당 기업이 오랫동안 지켜온 절차 같은, 거의 모든 기능을 변화시켜야 한다.

그래서 앞에서부터 얘기한 3가지 원칙을 염두에 두고, 굉장히 성가신 2가지 조직 문제 중 하나의 핵심에 다가서 보자. 첫 번째, 우리 기업에 데이터 분석 역량을 추가해야 한다면, 이런 기술이 있는 사람을 고용해야 할까, 아니면 간단하게 전문 업체와 일해야 할까?

물론 이 질문의 답은 기업에 따라, 시작하는 지점과 접근할 수 있는 데이터 자원의 유무에 따라 다를 것이다. 또한 둘 중 하나를 고르는 결정이 아니라는 점을 잘 기억해야 한다. 기업에서 더 높은 직급 중 소수를 데이터 담당자로 양성하고자 할 수도 있지만, 외부 업체와 협력해 데이터 분석 역량을 증가시킬 수도 있다.

그 당시에 맞는 답변도 시간이 지나면 달라질 것이다. 빨리 시작해 빠르게 이기고자 한 결정은 일단 데이터 흐름이 늘어나고 상업적으로 분석하는 경험이 쌓이면 또 바뀔지도 모른다. 그럼에도 불구하고 시작하려면 실제로 결정해야 하는 것이 있다. 이제 자체 고용과 외부 고용 딜레마의 장단점을 생각해보자.

직접: 자체적으로 고용하기로 결정

데이터 분석팀을 직접 고용할 때 이점은 상당하다.

- 핵심 사업을 아주 잘 아는 팀을 구성하여, 이미 살펴보았듯 정확하지만 쓸모없는 결과를 내는 문제는 피할 수 있다.
- 내부적으로 팀을 양성하면 필요한 기술만 포함하도록 설계할 수 있다. 당신이 필요한 기술이 일부일 뿐이면, 위탁업체가 보유한 광범위한 기술에 비용을 지불하지 않아도 된다.
- 뛰어난 데이터 과학 기술을 가진 사람이 드물기 때문에 인건비가 비싸다. 업계 최고 또 다른 기업의 간접비를 충당하는 것보다 직접 팀을 구성하는 게 비용이 더 적게 들 것이다.
- 전사적으로 테스트하는 혁신적인 문화를 구축하고, 이로써 얻은 지식과 창출한 이익을 축하할 때, 내부적으로 양성된 팀은 자연스럽게 이 모든 과정을 자신의 것으로 받아들이게 된다. 아무리 데이터 분석팀이 냉철하다 해도, 그들도 인간인데 기업이 변화하고 발전하는 것을 보고 어떻게 동기부여가 안 되겠는가?

내부적으로 양성한 팀이 도출한 생각에 대한 동료의 반응을 살펴면서 얻은 에너지와 동기는, 외부 업체로 구성된 팀이 쉽게 복제할 수 없다. 외부 업체의 팀원은 그들에게 월급을 주는 다른 곳에 충성할 의무가 있기 때문이다.

물론 자체적으로 팀을 양성하는 것도 불리한 점은 있다.

- 데이터 과학 기술을 보유한 사람을 만나기가 쉽지 않다. 수많은 기업들은 채용기간이 길고 그 결과에 좌절한다. 기업이 속한 업종, 브랜드, 심지어 위치에 따라 데이터 과학자가 일하려는 장소로 매력적일 수도, 그렇지 않을 수도 있다.
- 데이터 과학자와 다른 분석전문가를 유인하는 데 가장 어려운 순간은 당신이 처음 시작하는 순간이다. 이미 데이터로 흥미로운 결과를 도출하여 명성을 얻은 기업에, 데이터 전문가가 자신의 이름을 남기고자 지원하려는 결정은 쉽다. 반면에 데이터 분석 여정을 막 시작하는 기업에 지원하여 첫 담당자가 되는 것은 훨씬 위험한 일이다. 데이터 분석가들은 기업을 멋지게 데이터 중심 기업으로 전환한 담당자가 될 수도 있지만, 마찬가지로 우리가 앞서 살펴본 사일로에 갇혀 그 어떤 흥미로운 분석도 못한 사람이 될 수도 있다.

- 기업이 데이터팀을 고용할 때 실질적으로 우려해야 할 사항이 또 하나 있다. 당신은 어떤 기술이 필요한지 정말 제대로 알고 있는가? 기술을 정말 잘 알고 있는 사람과 기술 전문 잡지에서 읽어 본 전문 용어를 그저 알기만 하는 사람을 구별할 수 있는가?

간접: 외부에서 팀을 구성하기로 결정

기업이 분석 역량을 키우고자 외부에서 팀을 만들면 다음과 같은 이점이 있다.

- 외부에서 완전한 팀을 구성해 도착한 첫날 빠르게 시작할 수 있다.
- 팀원으로 훌륭한 자격을 가진 사람들이 프로젝트에 합류하게 된다. 데이터 분석 훈련도 잘 받고, 다른 기업에서 비슷한 프로젝트를 수행한 경험도 있는 사람이 정말 도움이 될 수 있다.
- 기업이 필요한 때에 필요한 자원만 사용할 수 있다면, 비용 대비 편익이 있을 수 있다. 이뿐만 아니라 시간이 지나면서 자원의 양을 유연하게 늘리고 줄일 수 있는 능력도 향상시킬 수 있을 것이다.

마찬가지로 불리한 점도 있다.

- 내 경험에 돌이켜보면 대개 외부에 분석을 위탁한 경우 비용이 더 많이 들었다. 외부 업체가 일하는 아늑한 사무실에 비용을 내고 있는 것이다.

- 외부 업체에 위탁하고자 한다면, 특히 주의를 기울여야 하는 부분이 있다. 기업에서 누가 그 업체와 주로 관계를 맺을지, 즉 기업이 업체에 요구하는 바를 그 직원이 잘 알고 있는지 파악해야 한다. 외부 업체에 무언가 위탁하려는 생각이 일반적으로 좋지 못한 경우가 있다. 당신이 기업에서 요구하는 바를 이해하지 못하고, 결과가 나와도 그 결과가 좋은지 나쁜지 판단할 수 있는 지위에 있지 않을 때다. 이는 분석 업무를 위탁할 때 큰 문제가 될 수 있다. 이런 사례도 있다. 어떤 고위 관리자가 콘퍼런스에 참석해서 읽은, 또는 〈하버드비즈니스리뷰〉를 읽고서 분석을 좀 해야 하니 외부 업체를 고용하자고 주장했다. 그 고위 관리자가 본 내용이 잘못된 시간에, 잘못된 질문으로 도출된 답이라고는 깨닫지 못한 채로 말이다.

- 외부 업체의 본질, 광범위한 사업 모델에 따라 그들이 낸 결과가 편향되지 않았다고 확신할 수 있는가? 당신이 순수하게 데이터 분석만 하는 기업에 위탁한 경우에는 문제가 되지 않을 것이

다. 하지만 판매량을 분석하기 위해 기업의 광고업체에서 파견한 분석팀을 이용한다면, 결국 더 많은 광고를 하라고 추천하고 말 것이다. 이런 결론에 얼마나 확신할 수 있는가? 수많은 기업이 진정으로 유용한 분석을 하지 못하는 이유는, 출처의 동기를 신뢰하기가 너무 어렵기 때문이다.

이 모든 장점과 단점의 갈림길에서 어디로 가야 할까? 당신 기업은 다른 기업과 똑같지 않다고 분명히 경고했다. 그러므로 이 질문에 대한 답이 두루 적용될 수는 없을 것이다. 그래도 나는 다음에 나오는 조언을 따르기도 한다. 참고해봤으면 좋겠다.

- 데이터와 데이터 분석을 충분히 이해하고 다른 사람들의 업무를 판단할 수 있는 고위 관리자가 회의에 필요하다. 당신이 나머지 인력을 직접 고용하든, 외부에 위탁하든 간에 이는 꼭 필요하다. 뒤에서 조직도에 대해 얘기하겠지만, 데이터팀이 어디에 배치되든 그 고위 관리자는 꼭 필요한 사람일 것이다.
- 기업에 그런 사람이 있다면, 해당 기업은 분석 업무에 정통한 구매자(위탁자)가 된다. 외부 업체에 위탁하여 빨리 시작하는 데 아무런 문제가 없다. 하지만 위탁할 때, 다음 3가지를 기준으로 해야 한다.

a. 광고 대행사, 회계법인, 경영 컨설팅 업체가 아닌 진짜 분석을 전문으로 하는 업체

b. 멀리 떨어진 업체가 아닌 같은 지역 내 업체

c. 분석 업체 사무실이 아니라 당신의 사무실에서 직원들 옆자리에 앉아 함께 업무를 수행할 업체

- 업무에 탄력이 붙었다면, 직접 고용하는 일이 더 쉬워진다. 당신이 발전하는 속도에 맞춰 외부 고용에서 내부 인력 양성으로, 2가지 방식을 섞어가며 점차 발전시킬 수 있다.

조직설계에 정답은 없다

앞에서 '자체 고용 vs 외부 고용'이 조직적 차원의 문제 2가지 중 하나라고 설명했다. 데이터 중심 기업이 되는 방법을 고민할 때, 다음 문제도 당신을 골치 아프게 할 수 있다. 두 번째 문제는, 데이터팀을 갖춘 뒤에 이 데이터팀을 어디에 배치하느냐다.

데이터팀을 어디에 배치할지 조직체계를 논의할 때마다, 정말로 나는 1파운드 동전을 던져서 정하고 싶었다.

- 데이터팀이 마케팅팀과 함께해야 할까? 고객 모형이 많으니까?

- 재무팀과 함께해야 할까? 데이터 분석도 전부 숫자고, 최근 기업 내 분석이 다 있는 곳이니까?
- 조직에서 조금 떨어져 있어야 할까? 정말 중요하니까?
- 아니면 디지털팀과 함께 해야 할까? 기업이 고용한 적 없는 완전히 새로운, 또 다른 기술의 집합이니까?

조직설계 딜레마를 해결하기 위해 가능한 한 답변 모두를 시도한 적이 있다고 확신한다. 어떤 기업은 데이터팀이 HR에 있거나 창고에 있기도 했다. 실제로 나는 가장 높은 관리자와 유능한 분석 전문가가 리스 용어를 분석하며 자산관리부에서 일하는 기업 프로젝트에 참여하기도 했다.

데이터 중심 기업이 되고자 조직을 가장 잘 설계하려는 이 도전은, 기업 체계를 제대로 결정하는 문제 중 아주 일부일 뿐이다. 소매업체와 소비자 기업은 당황스러울 정도로 다양한 조직 형태와 책임 구조를 적용하는 것처럼 보인다. 온라인 채널과 소매 판매점 채널이 같이 있어야 할까, 떨어져 있어야 할까? 누가 궁극적으로 가격을 책정하고 판매 전략을 결정하는가? 구매 부서 아니면 마케팅 부서? 만약 사업 내용이 물류나 제조 업무라면, 데이터팀이 그 넓은 조직에서 어디에 어울릴 수 있을까?

거의 예외 없이 이런 조직설계에 대한 질문은 개별 기업마다, 때로는 회의 탁자에 둘러앉은 개개인의 장단점에 따라 답이 다르다. 두루 적용되는 조직도가 없지만, 모두가 조직도를 만들고 있다!

데이터 분석에 대한 투자도 마찬가지다. 데이터에 대한 책임과 의무를 각인시키려고 이번 장에서 언급한 특정 부서에 모두 투자 해봤다. 시도가 통한 적도 있지만, 때때로 실패하기도 했다. 궁극적 으로 데이터 중심 기업 프로젝트의 성공과 실패의 차이는, 조직도 어디에 선을 그었는지에 따라 결정되지 않는다.

데이터 중심 기업을 위한 조직설계 4가지 원칙

조직 체계는 조직의 결정에 따라 대단히 도움이 될 수도 있고, 방 해가 될 수도 있는 일부 다른 사항에 의해 확정된다. 여기 조직설계 원칙 4가지가 있다. 데이터팀에게 기업 내 알맞은 집을 찾아줄 때 꼭 기억해야 한다.

- 원칙 1: 데이터 분석은 기능을 넘나드는 프로젝트로 혜택도 기 능을 넘나든다. 그러므로 당신이 구축한 팀과 프로젝트 리더로 임명한 고위 관리자는 스스로 조직 전반에 걸쳐 일할 수 있는 성격을 지닌다. 만약 데이터팀이 배치된 기능의 책임 관리자가

'내 프로젝트야, 다른 누구의 프로젝트도 아니야'라고 생각하면, 그 프로젝트는 망할 것이다. 데이터팀과 데이터팀의 후원자는 전사적으로 두려움이나 호의 없이 통찰과 결론을 취할 준비를 해야 한다.

- 원칙 2: 결국 이 연습에는 확고한 의지가 필요하다. 데이터 분석 기능의 리더와 후원자는 다른 부문이 와서 확실하게 혜택을 확인하고 같은 배를 탈 수 있도록 이끄는 영업 능력과 결단력이 필요하다. 우리가 앞서 살펴보았듯이 다른 부문은 이런 변화에 위기감을 느끼고 도전을 받는다고 느낄 수도 있기 때문이다.

- 원칙 3: 데이터 중심 기업을 구축한다는 것은, 기업 내에서 데이터 분석 업무가 중요한 역할을 한다는 뜻이다. 조직도 저 아래에 데이터팀을 묻어버리면 다른 기능과 많은 관리자, 동료들과 관계를 맺을 권한을 뺏는 것이다. 또한 데이터 중심 기업에 요구되는 문화적 변화도 달성하기 어려워질 것이다.

- 원칙 4: 데이터 분석을 책임지는 기업 내 고위 관리자는 데이터 분석을 진정으로 이해해야 한다. 데이터 분석 책임 관리자는 외부 업체나 기술 공급자에게 엄청난 금액을 승인할 수 있는 권한이 있는데, 아마도 당신은 그들이 제대로 이해는 하고 돈을 쓰는지 알고 싶을 것이다. 그렇다고 데이터 분석 책임 관리자가 분석 전문가가 되어야 한다는 의미는 아니다. 어쩌면 마케팅 책임

자, 매입 책임자나 최고재무관리자^{CFO}가 데이터 분석 책임 관리자를 완벽하게 해낼지도 모른다. 하지만 데이터 분석 책임 관리자라면 수리적 사고를 하고, 분석적이며, 데이터로 무엇을 할 수 있을지 호기심이 있어야 한다.

앞의 4가지 원칙을 새기며, 조직과 관리자를 검토해서 데이터 소유권을 누가 가질지 더 명확하게 해야 한다. 다음의 사례연구 2개를 보자.

▶ 사례연구 1

어떤 소매업체가 데이터베이스와 기술에 막대한 투자를 하고도 이익을 회수하지 못했다는 의심이 들었다. 검토해보니 데이터팀이 최고고객책임자^{CCO} 하위 기능에 포함되어 있었다. 이렇게 하니 마케팅팀과 온라인 팀을 잘 살펴볼 수 있었다. 하지만 기업 내 다른 실질적인 힘은 구매팀과 재무팀에 있었다.

왜 제대로 작동하지 않았을까? 해당 기업의 조직 체계는 앞에서 언급한 4가지 조직설계 원칙과 모두 반대되는 모습을 보이며 좋지 않은 상황으로 치달았다. 특히 CCO는 데이터 분석에 익숙하지 않았다. 실제로 최고기술책임자^{CTO}보다 아는 것도 없으면서 데이터 서비스를 구매하며 조직 내 갈등을 조장했다. CCO가 딱히 영향력 있는 인물도 아니어서 구매 및 재무 부문 정기보고에 쓰는 출처 이외에는 데이터팀을 상당히 무시했다. 구매 및 재무 부문 팀의 업무 접근 방식을 데이터에 기초하도록 근본적으로 바꾸는 일은 상당히 힘들었으며, 분석 결과는 아무도 손대지 않은 상태로 남겨졌다. 데이터팀에는 상대적으로 낮은 직위의 분석가만 남아서 이런저런 보고 업무에 파묻혀버렸다. 데이터팀 옆의 마케팅팀도 데이터를 업무에 거의 사용하지 않을 정도였다.

▶ 사례연구 2

여러 지역에 분산된 어떤 기업도 비슷한 조직 체계를 선택했지만, 데이터 중심 기반에서 훨씬 더 많은 것을 달성했다. 여기도 최고고객책임자^{CCO}가 데이터 분석에 책임을 맡았지만, 최고재무관리자 ^{CFO}와 나란히 핵심 이사진이며 다른 부문과 영역에 영향을 미칠 수 있을 만큼 충분히 고위 관리자였다. 고위 관리자들은 데이터의 중요성을 총괄적으로 이해하여 주요 프로젝트를 가시화하고, CEO부터 이 프로젝트를 후원할 수 있게 했다.

초기 성과는 광범위한 의사소통이었다. '데이터로 영리하게 업무하기'는 기업의 모든 부문이 데이터팀과 관계를 맺고 싶은 계기가 되었다. 마지막으로 데이터 분석 프로젝트 관리는 외부에서 고용한 중역 간부가 이끄는, CCO 소속 데이터팀에서 다루게 했다. 이 중역 간부는 기술적 지식이 깊이 있을 뿐만 아니라, 기업 전반의 여러 팀을 설득하는 영향력을 지닌 사람이었다. 상당히 드문 조합이었지만, 가치가 있었다.

방금 살펴본 사례연구들은 이윤을 내는 부문에 데이터 분석팀을 내부적으로 두고, 이번 장에서 나열했던 원칙 중 아주 인간적인 측면에 따라 성공하거나 실패할 수 있다는 사실을 보여줬다. 데이터 분석 기능을 재무나 운영, 그 밖의 어느 부문에 두더라도 같은 결과를 낼 것이다. 기업의 데이터 분석 기능은 지금 일하거나 또는 고용할 수 있는 고위 관리자 아래에 두는 것이 알맞다. 또한 데이터 분석 기능은 실제로 당신이 후원하는 고위 관리자의 성격, 영향력, 개인의 흥미에 따라 배치될 것이다.

마지막으로 14장에서 봤던 똑같은 원칙이 고객 조사와 통찰에도 적용되는데, 대체로 조직 내에서 분석 업무에 알맞은 곳이라면 통찰팀에도 알맞은 곳이 된다. 실제로 성공한 데이터 중심 기업은 대부분 하나의 데이터 분석·통찰팀을 운영한다. 왜냐하면 분석 프로젝트는 의미 있는 고객 통찰로 성공하는 경우가 많기 때문이다.

15장의 마무리

지금까지 데이터 중심 기업을 구축할 때 새로운 기술이 현재 경영진에게 나타난 경우, 개인적 장벽과 두려움, 실존적 도전을 극복하는 것이 얼마나 중요한지 살펴봤다.

PPDAC 방법을 검토하고, 기업이 처음부터 끝까지 분석 과정에 개입하는 것이 얼마나 중요한지도 살펴봤다. 그저 질문을 던져 놓고 답변을 기다리기만 하는 것이 아니다. 또한 조직설계를 제대로 하기 위해 몇 가지 중요한 원칙도 생각해보았다.

이제 마지막으로 한 가지가 남았다. 성공한 데이터 중심 기업과 그 여정을 시작도 못 했거나, 시작했지만 실패한 기업이 가시적으로 어떤 차이를 보이는지 살펴보자. 훌륭한 분석 프로젝트에서 발생한 불가피한 결과, 변화를 다루기 위해 성공한 기업이 얼마나 능숙하게 계획을 세웠는지 볼 수 있을 것이다. 다음 장에서 무엇이 실제로 변하는 기업으로 만드는지 살펴보자.

데이터 중심 기업으로
변화하는 즐거움

16장에서는 데이터와 분석 역량을 기업에 내재시키려는
논의에서 벗어나, 더 중요한 질문을 해보자.
기업이 분석 결과로 도출된 변화를 쉽게 실행할 수 있는
하나의 조직으로 어떻게 전환될 수 있을지 생각해보자.

데이터 중심 기업을 구축한다는 것은 결국, 변화 관리 프로젝트change-menagement project를 수행한다는 의미다. 이미 살펴보았듯 도전적인 프로젝트다. 데이터 중심 기업이 되기 위한 새로운 역량과 기술을 축적해야 할 뿐만 아니라, 전사적으로 전 직원의 정체성과 역량 측면에서도 도전을 받는다. 게다가 분석 결과는 결국 기업의 오래된 절차를 전부, 전 부문에 걸쳐 바꾸라고 차례로 요구할지도 모른다. 그래서 어떤 기업이 데이터 중심 기업이 되는 데 성공했다면, 그것은 정말 놀라운 일이다.

많은 기업이 성공하지 못했다. 앞에서 살펴봤듯이 신생 온라인 스타트업이 오래된 기업과 경쟁하여 성공한(때로는 오래된 기업을 망하게 하는) 주요 토대는, 이 온라인 야심가들이 데이터를 이미 구축하고 있다는 것이다. 그래서 신생 온라인 스타트업은 고객을 분석하고,

재정과 자원이 더 풍부한 상태에서 운영을 최적화할 수 있다. 이는 기존 기업들이 대체로 실패한 방식이다.

수많은 소비자 대기업처럼 같은 운명에 처하지 않으려면, 우리 기업을 전환해야 한다. 데이터 중심 사고방식 변화 프로그램이 복잡하고 어려울지라도 성공으로 이끌어야 한다. 또한 성공을 위해 몇 년씩이나 허비해서도 안 된다.

그러기 위해 기업이 변화를 왜 어렵게 느끼는지, 우리가 논의한 혁신 절차가 왜 자주 실패했는지 잠시 생각해보는 것도 유익하다. 혁신·진화·변화하는 조직을 만들려면, 경영진은 6가지 분야를 챙겨야 한다. 각 분야는 데이터 중심 기업으로 가는 여정에 중요한 의미가 있다.

1. 테스트하고 학습하는 기업

당신이 속한 업종의 기업들이 모은 데이터로 실현할 수 있는 분석의 가치는 아무도 모른다. 그러나 늦든 빠르든 누군가는 조만간 곧 알게 될 것이다. 그 사람이 당신이라 다행이다. 금을 찾기 위한 새로운 프로젝트를 준비하면서 금을 찾을 확률을 극대화시켜라. 즉 다양한 시도를 선호하는 접근 방식을 채택해, 작동하지 않는 방식은 버리고, 작동하는 방식을 새로운 표준 관행으로 채택하는 것을 의미한다. 우리가 약칭으로 테스트와 학습test and learn이라고 부르는 접근 방식이다.

테스트와 학습 같은 말은 꺼내놓기는 쉽지만, 이를 실천하기란 쉽지 않다.

분명한 것은 테스트와 학습 문화를 채택하면, 그것이 당신 기술에 영향을 미칠 것이다. 당신은 모듈식으로 새로운 것을 접목했다가 다시 해체하고 싶을 수 있다. 혁신을 찾던 거대 기업은 IT 시스템이 너무 취약하고, 문서화하지 않은 오래된 요소를 조합할 때 너무 대충 꿰맞춰서, 이런 종류의 접합bolt-on 방식을 쓸 수가 없다고 많이 말한다.

익숙하게 들린다면, 당신의 기존 IT시스템 기술이technology stack 걸림돌이 될지도 모른다. 예를 들면 데이터를 싱글뷰로 모을 때뿐만 아니라, 분석에서 도출한 변화가 가치가 있을지 테스트를 할 때도 걸림돌이 될 것이다. 똑똑한 모형이 제안한 변화로, 재고를 할당하는 방식이나 마케팅 메시지를 고객에게 보내는 방식을 바꾸면서 가치를 창출할 수도 있다. 그러나 왜 바꾸는지 이해하지 못하거나 이를 바꿀 때 엄청난 계산서를 받고 개발 주기가 6개월마다 돌아온다면, 데이터 중심 기업은 불가능한 꿈으로 남을 것이다.

그러므로 데이터 중심 사고방식으로 나아갈 때(기업의 다른 많은 필수적인 변화에서도) 기술 인프라를 바꾸는 것이 중요한 조력자가 될지도 모른다. 아키텍처라고 불리는 컴퓨터 시스템 구성 방식을 '미래에 알맞게' 전환하는 것이 아니다. 왜냐하면 당신은 아직 알 수가 없기 때문이다. 하지만 아키텍처를 유연하게 모듈식으로 전환하면 쉽게 테스트하고 실험할 수 있다.

테스트와 학습 문화는 기술 외적으로 모든 분야에 의미가 있다. 그러나 프로젝트 도중에 한 재무 분석에서는 다르다. 만약 누군가 재무 위원회 또는 설비 투자 회의에서 "이 프로젝트가 투자금을 회수할지 보증할 수 있는가?"라는 질문하면, 물론 그 답은 "아니오"가 될 것이다. 테스트는 당신이 확신할 수 없다면 테스트일 뿐이다! 물론 기업의 재무 위원회 대부분은 사실상 이렇지만 말이다.

데이터 분석에서 도출된 일련의 실험을 진행하기 위해 재무 관리에 접근하는 더 나은 방법은, 벤처투자자를 유치하는 것이다. "상환할 수 있는가?"라는 질문 대신, "상환할 수 있다면, 비용이 얼마나 필요한가?"라고 질문할 것이다. 일종의 위험-자본 접근 방식^{risk-capital approach}이다. 성공할 확률의 추정치와 초기 비용으로 달성할 수 있는 성과 순으로 프로젝트를 줄 세우면, 진정으로 데이터 중심 기업으로 전환할 때 지속적으로 학습하는 문화를 훨씬 더 많이 창출할 수 있다.

2. 장기 계획과 단기 계획

자본 배분 모형에서 위험 자본 모형으로 이동하면 전략 계획 프로그램에도 아주 흥미로운 의미가 생긴다. 왜냐하면 장기 계획 전체에 대한 질문을 야기하기 때문이다.

무엇이 효과적일지 모른다면 어떻게 3년, 5년 계획은 고사하고, 실천 가능한 내년 계획을 세울 수 있을까?

흥미롭게도 장기 계획에 대한 답이 당신의 전략 계획을 더욱 전략적으로 만든다. 무수한 자본 프로그램을 더하는 대신, 각각의 시장 영향도와 실제로는 알 수 없는 이익을 예상한다. 전략 목표는 기업이 나아가고 싶은 방향을 가리키는 것이다.

예를 들면 경쟁사보다 비용 대비 효율성을 높이는 것이 데이터 분석의 목표라면, 이 목표가 계획을 수립하는 과정의 북극성이 될 수 있다. 혹은 당신의 목표가 고객의 입장이 되어 고객생애가치를 측정하고 이에 따라 행동하는 것이라면, 이는 다시 당신의 프로젝트 여정에 바람직한 방향이 된다.

이런 형태로 표현된 전략은 모든 테스트와 학습 프로젝트를 걸러낼 수 있는 렌즈가 된다. 만약 배치한 테스트가 전부 잘 작동해서 당신이 원하는 방향으로 가고 있다면, 단계마다 실험마다 올바른 방향을 향할 것이다.

측정한 것을 얻는다

걸러내는 과정은 그 자체로 기업을 많이 변화시킨다. 무엇을 측정하고, 이 측정법을 어떻게 사용하는지 사람들에게 설명하기 위해 생각해보자. 다채널을 운영 중인 소매업체는 옛날 방식인 순수하게 매장에만 적용되던 측정법을 더 이상 적용할 수 없다. 심지어 동일 매장, 동일한 이익 성장 같은 기준치도 매장의 접근 반경에서 판매한 엄청난 비중이 온라인 매출일 때는 주의해서 생각해야 한다.

나는 매장을 운영하는 대기업과 일한 적이 있다. 해당 기업은 지역 내 온라인 매출은 매장이 달성한 이익에 포함시키지 않았다. 하지만 온라인 판매에서 다시 매장으로 돌아오는 이익은 차감했다. 핵심성과지표^{KPI} 설정으로 생긴 문제다. 이는 낙후되고 의욕이 꺾인 지역 팀들은 자신과는 무관한 것으로 인해, 스스로 달성한 성과가 사라져버리는 것을 볼 수밖에 없었다는 뜻이다.

데이터 중심 기업으로 가는 여정을 도입하면 KPI를 많이 바꿔야 할 것이다. 프로젝트 초기에는 우선 실질적인 데이터 생성과 데이터 수집 지원을 지표로 삼을 수 있다. 〈파트 2〉처럼 계산대에서 고객 이메일 주소를 수집하려고 한다면, 매장 단위로 KPI를 측정하고 보고할 수밖에 없다. 이런 KPI 성과표가 너무 많아서는 안 된다 (혹은 그렇게 하면 아무것도 못한다). 새로운 KPI가 중요하다면, 다른 KPI를 줄여야 한다.

데이터 분석 프로그램으로 테스트하고 싶은 아이디어가 샘솟을 때, KPI 지표에 주의를 기울일 필요가 있다. 당신의 프로젝트가 제대로 작동하고 있는지 말하려면 알맞은 대상을 측정해야 한다. 새로운 재고 할당 절차로 낮은 재고회전율을 보이는 부분을 줄일 수 있다고 해보자. 그렇다면 또 다른 모형을 구축해 사후분석을 하는 것보다는, 실제 재고의 이동 여부를 알려줄 수 있는 조치를 마련하는 것이 좋다.

더 근본적으로는 데이터를 통해 고객생애가치 같은 장기 목표에 집중하면서, 기업의 KPI 일부 목표가 잘못 설정됐다는 것을 알게 될 수도 있다.

예를 들어 우수한 충성도 프로그램을 갖추고 분석을 많이 하는 소매업체가 있다. 매주 월요일에 주간보고를 하고, 정기적인 전략 발표회에서 고객생애가치에 대해 논의한다. 소매점과 온라인으로 채널을 나누고, 그런 다음 상품 분류별로 나누어 보고한다. 하지만 통계적으로 가장 가치 있는 고객 집단(코호트)이 지난주에 무엇을 했는지는 보고하지 않는다. 물론 시스템에서 데이터는 표시되는 방식 때문에 그럴 것이다. 하지만 고객에 기초해 보고하고 판매 채널은 나중에 고민했다면, 좀 더 흥미로운 일이 벌어지지 않을까?

기존의 KPI에서 새로운 KPI로 변경하는 데 시간이 조금 걸린다면, 경영진은 새로운 도전에 직면하게 될 것이다. 기업이 변하는 동안 기존 KPI 중 일부 지표를 어떻게 해석할 것인가? 예를 들면 규모가 큰 식료품 소매업체에는 오래되고 안정적인 고객층이 있다. 충성도 프로그램을 추적하여 그 고객들이 매장에 방문한다는 사실을 알 수 있었다. 기업은 논리적으로 그다음 단계인 온라인 배달 서비스를 출시했다. 그러자 KPI에서 흥미로운 사실이 드러났다. 신규 온라인 사업은 빠르게 성장했지만, 경영진은 이 사업에 '고객 이탈 문제'라는 이름표를 재빠르게 붙였다. 고객들이 소매점의 고객 이탈률보다 훨씬 높은 비율로 온라인 서비스를 떠났기 때문이다.

어떤 업종에서든 온라인 서비스를 출시한 경험이 있는 사람이라면 이런 관찰 결과가 전혀 놀랍지 않을 것이다. 새롭게 출시한 서비스 홍보를 공격적으로 할 때, 많은 고객들이 사용해보려고 한다. 대부분이 단골 고객이 되지만, 일부 집단은 이 서비스가 자기한테 맞지 않는다고 그만 사용하기로 결정할 수도 있다(해당 집단은 이렇다 할 이상이 없었다). 새로운 사업이 성장하는 초기 단계에서 대부분 불가피한 일이지만, 이런 이유로 이탈률은 더 높아질 것이다.

우리가 이미 살펴보았듯이 온라인 배달 서비스에 대한 답을 찾으려면 온라인 배달 서비스가 이 서비스를 이용한 고객의 생애가치를 향상시켰는지 묻는, 진짜 질문을 해야 한다. 왜냐하면 그 고객은 거의 틀림없이 매장에서도 쇼핑을 했기 때문이다. 사업은 너무 새롭고 데이터도 너무 부분적이라 분석을 하기가 어려울 것이다. 경영진은 신중한 원칙을 세워 채널별로 KPI를 올바르게 해석해야 한다. 경영진 중 상당수는 새로운 온라인 사업을 마진이 낮을 뿐 아니라, 고객 이탈 문제도 있다고 보았다. 이는 수학적으로는 정확하지만, 지금까지 그랬듯이 이들은 완전히 요점을 놓쳤다.

3. 변화를 정착시키는 건 생각보다 힘들 수 있다

합리적인 데이터 흐름과 효과적인 충성도 프로그램을 갖춘 어떤 소비자 기업이, 다가올 분기에 대비해 최적의 선택을 하기로 결정했다. 다른 주제로 전화한 고객이 끊기 전에 충성도 프로그램 가입을 권유하여 프로그램 이용 비중을 높이기로 한 것이다. 모형 구축은 이미 되어 있으며, 해당 모형으로 많은 고객에게 논리적으로 다음 구매 상품을 추천해 고객생애가치에 가장 큰 변화를 만들 것이라 확신했다.

몇 주 뒤에 사업 책임자는 충성도 항목의 KPI 결과가 왜 이리 참담한지 궁금해졌다. 고객센터에 전화한 고객이 충성도 프로그램을 이용하는 정도가 기대에 못 미친 것이다.

고객센터에 방문하여 이 질문에 대한 중요한 답변 2가지를 얻었다. 첫 번째 문제는 절차 때문이었다. 충성도 프로그램을 권유하는 페이지는 7번째였다. 그 단계까지 가야 하는 고객센터 상담원은 대체로 시간이 없거나, 계속해서 클릭할 의지를 잃었다. 충성도 프로그램 활용 비중은 높여야 했지만, 시스템은 형편없었고 통합되지 않아 그 길을 막아버렸다.

두 번째 문제는 기술적인 문제는 덜하나, 방식이 더 절망적이었다. 충성도 프로그램을 다른 것과 교차해서 권유하는 캠페인이 시작되자마자, 동시에 해당 대기업 내 다른 부서들이 전부 각자의 신상품 판매 계획을 실행했기 때문이다. 어떤 부서는 고객센터에서 상품을 팔면 금전적인 보상을 제공했다. 결과는 뻔했다. 모두가 신상품 판매에만 집중했다.

이런 종류의 기술적·조직적 문제는 아주 간단한 기업 변화 프로그램조차 좌절시킨다. 특히 규모가 더 큰 기업일수록 그렇다. 이 사회에서 결정된 변경 사항에서 기대하는 결과를 얻지 못했다면, 근본 원인은 간단하다.

변화를 정착시키기가 더 어려울 수 있다는 예견은 데이터 분석 프로젝트에서는 특히 더 그렇다. 새로운 데이터베이스를 구축하고 새로운 분석 결과를 조금씩 사업에 전파할 때, 진정한 가치는 대체로 과정의 맨 끝에 나타난다. 프로젝트의 90%까지 진행해도 아주 적은 것만 얻은 것처럼 느껴질 수도 있다. 하지만 마지막 퍼즐 조각을 제자리에 맞출 때, 그때 진정한 가치가 실현된다.

〈파트 3〉 13장에서 사례연구로 살펴본 싱글뷰의 고객 프로그램은 이를 잘 보여주는 사례다. 각기 다른 정보를 데이터베이스에 모으는 데 수반된 자본, 시간, 노력 전부가 물거품이 됐다. 왜냐하면 중요한 데이터베이스 하나가(이 사례에서는 멤버십 카드 데이터베이스) 예산과 시간 부족을 이유로 빠졌기 때문이다. 그러나 '고객 데이터 일부'를 취합할 때 가치는 모든 데이터를 취합할 때 가치보다 훨씬 적다. 즉 전반적으로 프로그램에 대한 투자를 낭비하는 꼴이다.

그래서 변화 프로그램이 정착하려면 우연이라도 마주칠지 모르는 실질적인 실행 장벽에 대한 예리한 시각이 필요하다. 이뿐만 아니라 프로젝트에서 중대한 마지막 단계를 반드시 실행할 수 있도록, 프로젝트를 완성할 마지막 업무에 확실하게 집중해야 한다.

4. 사람, 특히 경영진

테스트와 학습, 혁신에 대한 모든 내용은 사람, 절차, 문화, 그리고 가치에 엄청난 의미를 내포한다. 결국 경영진이 '그 실패한 프로젝트에 참여하지 않아서 정말 다행이야'라고 생각한다면, 그 기업은 직원들이 새로운 것에 도전하고자 달려들 만한 회사가 아니라는 의미다.

내 경험에 비춰볼 때 빠르게 변화하는 환경에 성공한 경영진은, 기업 전반에 막 발생한 변화를 대하는 문화의 영향에 주의를 기울이는 사람들이다. 이는 실험이 생각한 만큼 잘되지 못해도 실험 자체를 축하하는 문화를 뜻한다. 기업의 틀에 박힌 문화를 뛰어넘어, 적극적으로 새로운 것에 도전하는 문화를 고양시킨다는 의미이다.

〈파트 3〉을 시작하면서 보았듯이 데이터 중심 기업이 되려는 여정은, 특히 '여기서 개발한 게 아니야'라는 경영진의 보수적인 반응을 자극할 가능성이 높다. 왜냐하면 그 여정이 현재 경영진의 역량과 경험에 도전하기 때문이다. 처음으로 우리가 경영진의 구성원이 될 수 있었던 그 역량과 경험 말이다.

나는 앞의 문단에서 '우리'라는 말을 의도적으로 사용했다. 경영진과 화이트보드로 브레인스토밍 연습을 한 번 하고 데이터 중심 기업이 되지 못하게 하는 요인을 논의해보면, 틀림없이 변화에 대한 저항이 그 자리에서 일어난다는 데 기꺼이 돈을 걸겠다. 하지만 변화에 대한 저항이 단지 기업에서만 관찰되는 것이 아니라는 사실도 받아들여야 한다. 당신도 변화에 대한 저항을 드러낼 수 있기 때문이다. 리더십 문화에서는 변화에 대한 저항을 스스로 감지해서 밖으로 드러내고 서로 북돋아주면서, 이런 저항을 수용할 수 있다. 리더십 문화는 기업이 전환하는 데 필수적인 요소다.

5. 고객의 소리를 듣는 힘

방어는 변화를 무서워하는 팀의 특징이다. 우리가 이 여정을 나아가면서 한 번 이상 논의했던 무언가를 하며 데이터를 늘려나갈 때, 방어적인 특징이 이보다 더 명백한 경우는 없다. 바로 고객의 소리를 들을 때다.

표적집단면접을 하거나 고객과의 상호소통 시간에 고객과 함께 앉아 있는 경험은 대체로 혼란스럽다. 소비자 그룹의 이야기를 듣는 것은 기업이 새로운 아이디어를 떠올리는 가장 형편없는 방법이다. 고객 집단이 갑자기 직원들도 생각하지 못한 혁신적인 아이디어를 떠올릴 리 만무하다. 마찬가지로 상품에 대한 표적집단면접은 대부분 상품을 더 저렴하게 만들어달라는 권고로 끝이 난다. 이는 표적집단이 거의 항상 공통적으로 보이는 반응이다.

표적집단이 훌륭하게 사용되고 실제로 데이터 분석 과정에 가치를 더하는 경우가 있는데, 바로 기업이 고객을 짜증나게 하는 경우를 파악할 때다. 표적집단은 대부분 피드백을 하면서 부끄러워하지 않는다. 불공정한 판매 조건, 매장 한 곳에서 겪은 형편없는 경험, 고객의 관점에서 기업이 환경친화기업으로서 더욱 노력하는지 등 모든 것이 논의 주제가 될 것이다. 이런 주제는 당신이 하려고 한 질문이 아닐 수도 있다.

이런 환경에서 당신의 모든 신경은 스스로를 방어하고 싶어 한다. 고객과의 상호소통 시간에 수많은 기업이 이런 모습을 보이는 것을 봤다. 누군가 말한다. "자, 고객님이 이해하지 못하는 것은…." 그런 다음 방 안에 있는 고객에게 주제가 무엇이든지 기업을 비난하는 것이 왜 잘못됐는지 설명하기 시작한다.

이것이 부질없을 뿐 아니라, 실제로 엄청난 기회를 놓치고 있다는 점을 명백히 해야겠다. 왜냐하면 고객이 불평하는 부분에 대해, 경쟁사는 고객을 위해 해결하려고 노력할 것이기 때문이다. 아주 많은 경우 거대 기업은 고객이 원하는 것을 주는 스타트업 기업과의 경쟁에서 패했다.

〈파트 2〉에서 훌륭한 분석 프로그램을 운영할 때 질문을 제대로 하는 것이 중요하다고 했다. 또한 질문을 제대로 하기 위해 2가지 방법을 살펴보았다. 사업을 검토하고, 데이터의 출처를 확인하는 방법 말이다. 통찰 과정을 통해 고객에게 귀를 기울이면서, 분석을 훌륭하게 수행할 세 번째 방법도 찾았다. 무엇 때문에 고객이 짜증이 나고 기업을 싫어하게 되는지 듣고, 이를 기업 변화에 영감을 줄 조언으로 활용할 수 있다. 그러나 이렇게 하려면 우리는 우선 잘 들을 준비가 되어 있어야 한다.

6. 변화의 갈망: 캐시카우의 희생이 필요하다

새롭게 떠오른 온라인 스타트업과 경쟁할 수 있게 데이터 중심 기업이 되고자 변화 프로그램을 설계했다. 그러면 당신의 현재 마진 요인은 불가피하게 무너질 것이다. 이상하게 보이겠지만, 이런 일은 항상 일어난다. 대부분 마진을 내는 '신성한 캐시카우'를 희생하는 것을 꺼리겠지만, 캐시카우는 취약해진 기존 브랜드를 떠나 새로 진입한 업체로 떠날 것이다.

이런 시나리오를 생각해보자. 분석 결과, 수익을 많이 내는 고객 집단은 상환 조건을 이용해서 구매하는 특정 집단이라는 사실이 드러났다. 실제로 이 고객들로부터 얻은 마진은 매달 대금을 내기가 힘들어서 발생한 연체료가 대부분이었다. 그렇다면 이 마진은 지속 가능한가?

시장에 새로 진입한 업체가 이런 고객을 인지하고, 좀 더 유리한 상환 조건을 제공해 고객 불평을 제거했다. 그리고 여전히 일부 수익을 낼 수 있다면, 아마도 대부분 그렇게 할 것이다. 그렇다면 기존 기업은 수익성 있는 고객 집단을 경쟁자에게 잃을 때까지 기다려야 할까(경쟁자는 고객의 불편 사항을 제거하면서 충성도도 얻을 것이다)? 아니면 이 고객과의 관계에서 장기 가치를 극대화하는 조치를 취해야 할까?

실천하는 것보다 말하는 것이 더 쉽다. 내일의 수익을 위해 오늘의 수익을 희생하는 것은 기업에게 정말로 어려울 수 있다. 어떤 이동통신사의 고위 간부는 그런 의견을 내고 싶어 했었다. 실제로 해당 이동통신사는 요금제를 초과해 과금한 데이터 요금과 로밍 요금이 훌륭한 수익원이었다. 대부분 고객이 '알맞은 요금제를 선택하는 방법을 몰랐기 때문에' 발생했다고 한다. 물론 그 후 수년 뒤 경쟁 업체 등장과 규제 조치 강화로 그 수익원은 거의 사라졌다. 해당 기업의 주가는 예측 가능한 수순을 밟았다.

또 다른 예도 있다. 규모가 큰 소매업체 한 곳이 온라인 판매에서 배달 서비스 브랜드를 구축했다. 배달 품질도 고려하고 배달 기사, 차량에도 브랜드가 드러나는 방식을 포함해 구매 과정을 처음부터 끝까지, 반드시 일관성 있게 해야 한다는 점에 주목했다. 기업은 영국 온라인 음식 배달 서비스 업체인 딜리버루^{Deliveroo}처럼 필요에 따라 임시직을 고용하는 긱 이코노미^{gig-economy} 운영 방식으로 배달 업무를 위탁하는 경우가 증가한다고 파악했다. 그래서 온라인 배달 서비스를 이용할 때 그들 브랜드에 경제성이 있는지 조사해보기로 결정했다. 만약 대안의 경제성이 훨씬 높고 고객 경험도 눈에 띄게 나빠지지 않는다면, 온라인 배달 서비스의 이점을 취하는 경쟁 업체가 생겨나지 않겠는가?

예상대로 배달 서비스 대안을 살펴보던 팀은 벽에 부딪혔다. '우리가 운영하는 기존 배달 서비스와 왜 경쟁하려 하는가?'라는 질문이 있어 조사는 더디게 진행됐다.

물론 긱 이코노미에 대한 사회적·정치적 반발이 발생해, 예시로 든 소매업체는 배달 서비스를 계속해서 브랜드화해 관리하라고 조언을 잘 받은 것으로 드러날지도 모른다. 하지만 잘못된 이유로 배달 서비스를 위탁하지 않은 경우가 있다. 바로 '우리 자신과 경쟁하고 싶지 않기 때문'이다.

결국 기업 스스로 수익원을 감소시키는 것보다 안 좋은 상황은, 오직 경쟁 업체가 당신을 대신해 추진하는 경우뿐이다.

16장의 마무리

기업이 변화를 수용하고 혁신을 포용하도록 의지를 실천하는 것이야말로, 진정으로 데이터 중심 기업이 되는 주요 부분이다. 기업을 관찰하여 흥미로운 데이터 자원을 구축했지만, 의지 없이는 다 소용없다. 오로지 관찰하고, 관찰한 결과에 기초하여 실험한 뒤, 가장 성공적인 실험을 우리 기업의 새로운 표준 관행으로 자리 잡게 할 때, 기업 데이터에서 가치를 실현할 것이다.

대부분의 심각한 문제는 사람이다. 사람이 혁신 중심 기업을 가로막는 장벽이다. 새로운 기술과 전문 용어에 뒤처지는 듯한 두려움과 개인적인 위기감, '고객이 문맥을 이해하지 못한 것일 뿐'이라는 생각에 고객의 피드백을 고집스럽게 듣기 거부하는 것은 시험에 빠진 조직, 즉 경영진인 우리의 심리다.

해결책은 항상 예외 없이 경영진 집단이 변화에 대한 욕구와 저항을 깨닫는 것(무의식에서라도)과 연관된다. 이는 당신이 모두 증명할 수 있다. 팀이 변화에 대한 공통 언어를 구축하고 저항의 기미가 드러나도 서로서로 도전하기를 두려워하지 않으면, 성공할 가능성은 훨씬 더 높아진다.

혁신하고 변화하는 과정에서 우리가 집어넣은 구조적 절차 장벽에 대해 주의 깊게 생각하는 것도 중요하다. 우리는 재무 평가 절차와 KPI 보고가 변화를 막는 장벽으로 어떻게 활성화되는지 살펴봤다. 기업을 운영하는 방식의 다른 많은 측면에서도 마찬가지다. 인사평가에 새로운 것을 시도하고 학습하는 직원에게 보상을 주는 절차가 있는가? 아니면 오직 직접적인 성공에만 보상해서 아무도 새롭고 위험이 따르는 무언가를 도전하지 않는 문화를 만들고 있는가?

〈파트 3〉에서 실제로 데이터 중심 문화를 기업에 내재화할 때 취할 수 있는 폭넓은 방안을 살펴보았다. 전문가를 직접 고용하거나 컨설턴트에 위탁하고, 조직 체계를 구축하고, 변화하고 혁신하는 문화를 독려한다. 이러한 각각의 단계는 원래 있던 경쟁 업체뿐 아니라 새로운 경쟁 업체를 마주했을 때, 또는 아이디어에서 시작한 데이터 분석을 실제 수익성과 자산을 높이는 요인으로 바꾸는데 도움이 될 것이다.

다시 한번 말하지만, 분석은 분석 전문가만의 영역이 아니다.

이 책의 최종 결론

데이터 분석은 기업에게 가장 공평하지 않은 분야 중 하나다. 새로운 온라인 스타트업은 대부분 데이터 과학자가 처음 설립했다. 이러한 스타트업은 이미 통합된 고객 데이터를 갖춘 채 설립되었고, 계속해서 개선 과정을 운영하며, 고객 데이터와 운영 데이터를 활용해 비용을 절감하고 수익을 강화하는 기회를 찾는다.

더 많은 데이터를 생성하려고 설계된 테스트와 실험도 정기적으로 한다. 예를 들어 고객에게 아주 약간 달라진 웹페이지를 제공해서 어떤 페이지를 가장 많이 클릭하는지 살피는 실험을 한다. 이렇게 분석이 풍부한 기업은 챔피언과 도전자를 기준으로 운영한다. 각각의 운영 과정에서 계속해서 더 나은, 좀 더 효율적이며 다양한 것을 찾으려 도전하고 새로운 표준 관행을 만든다.

이런 기업은 개선하려는 기회를 뒤쫓으면서도 더 중요한 질문을 하기 위해 데이터 분석을 이용한다. 새로 출시할 상품과 서비스를 찾고, 인접 산업에서 발생한 새로운 고객의 불평을 수익으로 연결하면서 해결할 수 있는 방법을 찾으려고 말이다. 이런 기업에서 데이터 과학팀은 모든 측면에서 중심이 된다. 재정적 지원도 훌륭하고, 더 새롭고 더 나은 모형을 구축할 권한도 있다. 이렇게 구축한 모형은 그 자체로 거의 연구 개발 프로젝트다. 이런 기업이 바로 앞길이 창창한 데이터 중심 기업의 대표나 데이터 과학자가 일하고 싶은 기업이다.

심지어 더 많은 팀들이 데이터 기반 변화를 아주 잘 적용하고 있다. 기업은 항상 진화하고, 심지어 가장 관행적으로 운영하는 팀도 데이터 분석과 핵심 IT 시스템을 이해하는 데 자부심을 가진다. 이런 시스템은 변화를 가능하게 할 테스트와 실험을 모두 할 수 있도록 처음부터 철저하게 설계되었다.

그리고 아마도, 앞에서 언급한 기업들 외에는 이런 변화가 무섭다고 생각할 것이다.

디지털 신생 기업과 경쟁하는 기존 기업은 색다르게 보일 수가 없다. 이전 세대가 IT 시스템에 유연하지 못한 것이 짐이 된다. 데이터 교육을 거의 받지 못한 중간 간부와 고위 경영진이 이끄는 기업, 상품 대부분을 익명의 거래로 파는 기업은 어쨌든 귀중한 고객 데이터가 거의 없어 분석을 할 수가 없다.

데이터베이스와 관련 기술에 투자하는 것은 핵심 시스템으로 통합하는 작업이 느리고도 어렵다는 것을 증명했다. 실제로 기업에 이익을 많이 가져다주는 것처럼 보이지도 않는다. 분석 전문가 한두 명을 고용했지만, 빠른 속도로 기본적인 보고 업무로 빠져버려 오래 다니지도 못했다.

핵심을 들여다보면, 대부분 기업이 주요한 결정을 항상 하던 대로 하기 때문이다. 신규 점포를 개장할 때 어떤 상품을 매입해서 팔지, 상품 가격을 어떻게 책정하고 프로모션은 언제 할지를 숫자가 빼곡한 몇 개의 스프레드시트로 결정한다. 반면에 과거에 기업이 운영했던 조직 차원의 기억과 본능은 필수적으로 이용한다. 이런 기업은 기껏해야 진화할 뿐 혁명을 일으키지는 못한다.

현재 이런 기업은 데이터 혁명에 직면하고서 하나씩 빠르게 사라지고 있다. 대신 새로운 기업들이 데이터 혁명에서 챔피언이 되었다.

이 우울한 묘사가 익숙하게 들리는가? 그렇다면 당신이 이 책을 읽으면서 기업의 미래에 대한 대안적인 시각을 가질 수 있기를 바란다. 왜냐하면 현실은 그래서는 안 되기 때문이다. 전 세계적으로 거대한 소비자 기업이 기업 자체를, 데이터 분석 역량을 완전히 바꾼 훌륭한 사례가 많다. 실제로 충성도 프로그램, 고객 커뮤니케이션 대량 개인화mass personalisation, 기계에서 도출된 고객 초세분화 micro segmentation 선구자 중 많은 기업이 오래전에 설립된 소매업체와 기술업체다.

그렇다면 당신 기업이 무엇을 해야 그 순위에 들고, 데이터 중심 사고방식을 받아들이며, 신생 스타트업이 지배한 게임에서 그들과 겨룰 수 있을까?

경영진은 데이터로 할 수 있는 일에 익숙해야 하고, 분석을 통해 답변 가능한 질문 유형에도 익숙해야 하며, 분석 결과로서 기업에 발생할 변화를 즐겁게 받아들이고, 데이터 중심 미래로 가는 여정에 확신이 있어야 한다.

이 책의 각 파트를 통해 분석 기술 몇 가지를 살펴보고, 우리가 이미 가진 데이터와 생성할 수 있는 데이터도 알아보았다. 충성도 프로그램을 위한 기업 사례를 분석하며 대안도 살펴보았다. 데이터 분석으로 어떻게 고객 커뮤니케이션을 재창조하고 상품을 개발하며 배분하는지, 물류·매입 등 더 많은 것들을 재창조하는 방법도 생각해봤다.

그리고 경영진이 이 여정을 함께하는 의미가 무엇인지 가장 중요하게 살펴보았다. 데이터의 힘을 실제로 수용하는 기존 기업과 그렇지 않은 기업, 그 후에 실패하는 기업을 구분하는 것은 기술이나 수학적 역량, 데이터 과학자를 고용하는 능력 때문이 아니다. 데이터 기업이냐 아니냐를 진정으로 구분하는 기준은 문화와 가치, 그리고 경영진의 태도다.

변화에 대한 두려움, 새로운 것에 대한 거부, 자기계발 여정을 떠나기 꺼리는 마음이 있다. 데이터 중심 사고방식이 기존 기업 경영진에게 심어주는 이런 감정은 잠재적으로 전부 치명적이다.

데이터 중심 기업이 된다는 의미는 저 모든 것에 도전한다는 뜻이다. 기업 내 모든 직급에서, 모든 부문에서 변화를 인정한다는 의미다. 기술 인프라부터 재무 평가 절차와 직원 연수 프로그램까지 확실히 변해서 모든 것이 재창조되어야 할 것이다.

그렇다. 그 과정에서 당신은 데이터 과학 역량을 구축하고, 데이터를 수집하며, 수집한 데이터에 야심찬 질문을 던져 도출된 답변에 근거하여 즉시 행동으로 옮겨야 한다.

대안을 생각할 수가 없다. 그러나 기업의 심장, 기업의 중심에 진정으로 데이터를 심고, 고객생애가치에 따라 브랜드를 구축하여, 기업이 속한 업종에서 변화의 리더가 되어 받는 보상은 엄청날 것이다.

데이터 중심 기업으로 가는 당신의 여정이 성공하기를 바라며, 다음에는 당신 기업으로 사례연구를 작성할 수 있기를 기대한다.

감사의 말

그 어떤 경영 서적도 많은 사람들의 조언과 지도, 지원 없이 저자의 머리에서 전부 완성되는 경우는 없다. 몇 년 동안 최고의 경영자, 데이터 중심 기업의 선구자들과 함께 일할 수 있어 나에게는 큰 행운이었다. 그들의 행동을 관찰하고 배울 수 있는 기회를 줘서 정말 고맙다.

좀 더 구체적으로 말하면, 이 책을 집필하기 위해 아이디어를 공유하고 사례연구를 수집했다. 데이터, 분석, 고객 통찰 분야에서 업계를 선도하는, 대단한 전문가들에게 가치 있는 조언도 얻을 수 있는 기회였다. 클레어 아일즈, 존 루도, 대니 러셀, 그리고 스티브 델로가 보여준 지지와 열정, 현명한 조언 모두 평생 잊지 않겠다. 특히 스티브 델로에게 정말 고맙다. 초안 대부분을 교정하며 해준 조언은 믿기 힘들 만큼 큰 도움이 됐다. 물론 이 책에 오류가 있다면,

그건 내 책임이다. 하지만 여러분이 이 책에서 기발한 통찰을 얻는다면, 어쩌면 이 뛰어난 전문가들에게서 내가 훔친 생각이다. 또한 훌륭한 해리먼 하우스 출판사 팀이 합심하여 이 책을 만들어줘서 정말 고맙다. 맨 처음 편집회의부터 편집, 출간에 이르는 모든 과정에서 함께 일하는 동안 정말 즐거웠다.

마지막으로 이 책의 구조와 이 책에서 제안한 논의는 스타트업 설립자이자 데이터 분석 전문가로서 보통이 아닌, 내 아내 브리짓이 과학적이고 통찰력 있는 엄청난 조언을 해준 덕분이다. 평생 잊지 않겠다.